广东省公共图书馆特殊儿童群体服务案例研究

陈雅 ◎ 著

SPM 南方传媒 花城出版社

中国·广州

图书在版编目（CIP）数据

广东省公共图书馆特殊儿童群体服务案例研究 / 陈雅著. -- 广州：花城出版社，2023.12
ISBN 978-7-5749-0111-7

Ⅰ.①广… Ⅱ.①陈… Ⅲ.①公共图书馆－儿童－读者服务－研究－广东 Ⅳ.①G252

中国国家版本馆CIP数据核字(2023)第244579号

出 版 人：张　懿
责任编辑：夏显夫
责任校对：衣　然
技术编辑：林佳莹
封面设计：苏星予

书　　名	广东省公共图书馆特殊儿童群体服务案例研究
	GUANGDONG SHENG GONGGONG TUSHUGUAN TESHU ERTONG QUNTI FUWU ANLI YANJIU
出版发行	花城出版社
	（广州市环市东路水荫路11号）
经　　销	全国新华书店
印　　刷	广州小明数码印刷有限公司
	（广州市天河区高普路83号B栋C5号）
开　　本	880毫米×1230毫米　32开
印　　张	4.25　　1插页
字　　数	87,000字
版　　次	2023年12月第1版　2023年12月第1次印刷
定　　价	29.80元

如发现印装质量问题，请直接与印刷厂联系调换。
购书热线：020-37604658　37602954
花城出版社网站：http://www.fcph.com.cn

摘 要

公共图书馆是社会公益性文化事业机构，为每一个人提供均等化服务。为无法享受常规服务的用户提供特殊服务是图书馆的责任和义务。特殊儿童群体是指由于任何原因不能使用图书馆资源和图书馆服务的18岁以下的人。特殊儿童群体的体量比较庞大，他们需要公共图书馆服务，以满足他们的文化需求。公共图书馆特殊儿童群体服务的现状及其对于需求的满足情况却并不乐观，这是一个实践领域亟待加强的问题。本书的主要内容是研究广东省公共图书馆特殊儿童群体服务典型案例，在案例分析的基础上，初步总结经验，为更多的实践提供参考。以未成年人服务"五因素理论"和IFLA第104、89、86、70号专业报告《智障人群图书馆服务指南》《残疾群体利用图书馆——检查清单》《信息时代盲人图书馆服务发展指南》《诵读困难群体图书馆服务指南》为基础，笔者构建了公共图书馆特殊儿童群体服务案例研究的框架。运用文献研究法、社会调查法、案例分析法等方法，对广东省立中山图书馆视障儿童服务、东莞少年儿童图书馆阅读障碍症儿童服务、深圳南山图书馆自闭症儿童服务、广州少年儿童图书馆爱童馆服务、"广州公益阅读"贫困重症患儿及残障儿童服务五个典型案例，从设施与空间、馆藏、人员与管理、服务、合作网络五个方面进行研究分析。案例分析发现：公共图书馆服务体系尚待完善；国家财政对特殊儿童群体服务投入较少；为特殊儿童群体提供服务的专业图书馆员较少；特殊儿童群体公共图书馆服务模式还处于摸索阶段。本书提出公共图书馆特殊儿童群体服务的发展建议：完善图书馆总分馆制，建立志愿者服务长效机制，拓展合作网络；加大图书馆多元空间布局，加强专业人才队伍建设，增加经费投入；创新服务方式方法，使用新媒体发布信息及建立信息交流平台，打造特殊儿童群体的服务模式。

关键词：公共图书馆　特殊儿童群体　图书馆服务

ABSTRACT

The public library is a public benefit cultural institution, which provides equal services for everyone. Specific services and materials must be provided for those users who cannot, for whatever reason, use the regular services and materials. Special children are those under the age of 18 who cannot use traditional libraries or library resources and services for any reason. The number of special children is large, and they need public library services to meet their cultural needs. The current public library services for special children situation is not optimistic. This is a problem that calls for immediate solution. Studied cases of public library services for special children in Guangdong Province, which closely follow the practice of public library services, and on the basics of case analysis, initially summarize experience and provide references for more practices. This book's writer had studied "Five Factors Theory" for library children services and IFLA Report No. 104, 89, 86, 70 "*Guidelines for Library Services to Persons with Dementia* ", "*Access to libraries for persons with disabilities-Checklist*", "*The Libraries for the Blind in the Information Age-Guidelines for development* ", " *Guidelines for Library Services to Persons with Dyslexia* ". After studied, the writer has constructed a

III

framework for cases study of public library services for special children in Guangdong province. Using the methods of literature review, investigation interview, comparative analysis, this book discusses and analyzes the typical cases. This book draw a conclusion that special children services in public libraries should improve the general branch system of the library, and establish a long - term volunteer service mechanism, and establish network of special children services organizations and agencies; set up a professional team and increase funding. Libraries need to innovate service methods and methods, use new media to publish information and establish an information exchange platform, and create a special children service model.

Keywords: Public Libraries、Special Children、Library Service

目 录

1 绪论 ·· 1
  1.1 研究背景 ·· 1
    1.1.1 公共图书馆服务均等化 ····················· 1
    1.1.2 公共文化服务均等化，倡导全民阅读，发展公共图书馆事业 ······················· 3
    1.1.3 全民阅读促进少年儿童阅读、保障困难和特殊群体的基本阅读需求 ····················· 3
  1.2 概念界定 ·· 4
    1.2.1 未成年人 ·································· 5
    1.2.2 儿童 ······································ 5
    1.2.3 特殊群体 ·································· 5
    1.2.4 特殊儿童群体 ······························ 6
    1.2.5 残疾群体类型 ······························ 6
    1.2.6 公共文化服务 ······························ 6
    1.2.7 公共图书馆未成年人服务 ··················· 7
  1.3 研究目标 ·· 8
  1.4 研究意义 ·· 8

2 文献综述 ·· 10
2.1 文献调查情况 ·· 10
2.2 研究现状 ·· 12
2.2.1 文献的发表年代分布 ···························· 12
2.2.2 文献期刊分布 ·································· 13
2.2.3 主要作者机构统计 ······························ 15
2.2.4 文献主题分布 ·································· 16
2.2.5 文献内容分析 ·································· 17
2.2.6 研究现状分析 ·································· 22
2.3 研究空间与定位 ······································ 23
2.3.1 研究空间 ······································ 23
2.3.2 研究定位 ······································ 24

3 研究设计 ·· 25
3.1 基础理论 ·· 25
3.1.1 公共图书馆未成年人服务相关理论或文件
·· 25
3.1.2 公共图书馆特殊群体服务相关理论或文件
·· 27
3.2 研究框架 ·· 31
3.3 研究方法 ·· 32
3.4 案例的选择 ·· 33

4 广东省立中山图书馆视障儿童服务 ……… 36
4.1 案例背景 ……… 36
4.2 案例概况 ……… 37
4.2.1 "听·爱"故事会 ……… 38
4.2.2 "心聆感影"无障碍电影现场讲解活动 ……… 39
4.2.3 广东省盲人诗歌朗诵大赛 ……… 42
4.2.4 合作网络 ……… 43
4.3 案例特色 ……… 44

5 东莞少年儿童图书馆阅读障碍症儿童服务 ……… 47
5.1 案例背景 ……… 47
5.2 案例概况 ……… 49
5.2.1 项目实施过程 ……… 49
5.2.2 合作网络 ……… 53
5.3 案例特色 ……… 54

6 深圳南山图书馆自闭症儿童服务 ……… 57
6.1 案例背景 ……… 57
6.2 案例概况 ……… 59
6.2.1 馆藏建设阶段 ……… 59
6.2.2 读书会策划阶段 ……… 60
6.2.3 读书会服务实施及推广 ……… 61
6.2.4 合作网络 ……… 63

6.3 案例特色 ……………………………………………… 65

7 广州少年儿童图书馆爱童馆服务 …………………… 67
7.1 案例背景 ……………………………………………… 67
7.2 案例概况 ……………………………………………… 68
 7.2.1 设施与馆藏 ……………………………………… 68
 7.2.2 服务 ……………………………………………… 69
 7.2.3 合作网络 ………………………………………… 73
7.3 案例特色 ……………………………………………… 74

8 "广州公益阅读"贫困重症患儿及残障儿童服务
………………………………………………………………… 77
8.1 案例背景 ……………………………………………… 77
8.2 案例概况 ……………………………………………… 78
 8.2.1 管理 ……………………………………………… 79
 8.2.2 人员培训 ………………………………………… 81
 8.2.3 服务 ……………………………………………… 83
 8.2.4 合作网络 ………………………………………… 90
8.3 案例特色 ……………………………………………… 90

9 结语 ……………………………………………………… 94
9.1 案例比较分析 ………………………………………… 95
 9.1.1 横向对比分析 …………………………………… 95
 9.1.2 模式总结 ………………………………………… 103

9.2 优点分析 ·· 106
9.3 不足分析 ·· 110
9.4 发展建议 ·· 112
 9.4.1 制度层面 ·· 112
 9.4.2 图书馆基础设施和人才层面 ·············· 113
 9.4.3 图书馆服务实施层面 ······················· 113

参考文献 ·· 115

1 绪论

本章主要介绍广东省公共图书馆特殊儿童群体服务的研究背景，有关此项研究的相关概念界定，广东省公共图书馆特殊儿童群体案例研究的研究目标和研究意义。

1.1 研究背景

公共图书馆是社会公益性文化事业机构，对每一个人提供均等化服务。近年来，我国开始注重提高基本公共文化服务均等化程度，逐步完善公共文化服务体系，大力发展公共图书馆事业。国家通过倡导全民阅读，发展图书馆事业。国家也通过全民阅读工作，促进少年儿童阅读、保障特殊群体的基本阅读需求。

1.1.1 公共图书馆服务均等化

《中华人民共和国公共图书馆法》第三十四条提出："政府设立的图书馆应当考虑老年人、残疾人等群体的特点，积极创造条件，提供适合其需要的文献信息、无障碍设备设施和服务。"[1]

1994年联合国教科文组织和国际图书馆协会联合会（IFLA）联合发布的《公共图书馆宣言》明确提出"公共图书馆是区域信息中心，它为用户提供各种知识、信息。""每一个人都有平等享受公共图书馆服务的权利，不受种族、性别、年龄、宗教信仰、国籍、语言或社会地位的限制。对因任何原因不能享受常规服务的用户，例如残疾人、医院病人、少数民族或监狱囚犯，必须为其提供特殊服务和资料。""各个年龄群体的图书馆用户须能找到与其需求相关的资料。"公共图书馆的使命包括"养成并强化儿童早期的阅读习惯""激发儿童和青年的想象力和创造力"[2]等。

2014年8月，国际图书馆协会联合会（IFLA）在法国里昂世界图书馆和信息大会上发布了《信息获取与发展里昂宣言》，指出公共图书馆、档案馆等信息机构应关注群体信息需求，帮助政府、机构和个人，交流、管理、组织和理解有助于他们发展的信息。通过信息赋权让弱势群体，包括妇女、土著人、少数民族、移民、难民、残疾人、

---

[1] 中华人民共和国公共图书馆法[EB/OL]. (2018-11-05)[2023-12-26]. http://www.npc.gov.cn/npc/c212435/201905/t20190521_276640.html.

[2] 联合国教科文组织公共图书馆宣言（1994年）[J]. 江苏图书馆学报，1995（4）：59-60.

老年人、儿童和青少年等融入社会，减少不平等现象。①

1.1.2 公共文化服务均等化，倡导全民阅读，发展公共图书馆事业

2017年3月5日，国务院总理李克强在作政府工作报告时指出，提高基本公共文化服务均等化程度，发展文化事业和文化产业，推进全民阅读，加强科普力度。2017年4月19日，李克强总理主持召开国务院常务会议时又一次强调，完善公共文化服务体系的重要内容是发展公共图书馆事业，倡导全民阅读，满足经济高速发展的大环境下人民群众的精神文化需求，提高人民科学文化素养，是创新型国家和学习型社会建设的题中之义，我们有责任将包括中华优秀传统文化在内的人类文明硕果传承并弘扬出去，《中华人民共和国公共图书馆法（草案）》也在此次会议上通过。②

1.1.3 全民阅读促进少年儿童阅读、保障困难和特殊群体的基本阅读需求

2016年，国家新闻出版广电总局发布《全民阅读"十三五"时期发展规划》，提出到2020年，基本形成与小康

---

① The Lyon Declaration on Access to Information and Development [EB/OL]. (2015-01-22) [2019-9-29]. http://www.lyondeclaration.org/.

② 陈罗. 公共服务均等化视角下扬州市少年儿童图书馆发展与对策研究[D]. 扬州：扬州大学，2018.

社会发展要求相匹配的以人为本、面向基层、惠及群众、兼顾重点的全民阅读推广服务体系,推动国民素质和社会文明程度显著提高。该规划布置了举办重大全民阅读活动、加强优质阅读内容供给、推动阅读深入基层深入群众、促进少年儿童阅读、保障困难和特殊群体的基本阅读需求、完善基础设施和服务体系、提高数字化阅读水平、组织引导社会各方力量共同参与、加强宣传推广等九方面重点任务。① 习近平同志提出,"全面建成小康社会,残疾人一个也不能少";"肢体残疾同样可以活出精彩人生"②。《"十三五"加快残疾人小康进程规划纲要》中指出,全民阅读工程和公共文化体育服务机构等,要提供适合残疾人的服务内容和活动项目。③

1.2 概念界定

本研究主要涉及"未成年人""儿童""特殊群体"

---

① 国家新闻出版广电总局. 国家新闻出版广电总局关于印发《全民阅读"十三五"时期发展规划》的通知[EB/OL]. (2016-12-28)[2023-12-26]. http://www.goschool.org.cn/xw/xyw/2016-12-28/14341.html.

② 习近平:全面建成小康社会,残疾人一个也不能少 [EB/OL]. (2016-07-29)[2020-02-12]. http://www.gov.cn/fuwu/cjr/2016-07-29/content_5124019.htm.

③ 万宇,章婕."分众阅读"视角下的特殊儿童图书馆服务[J]. 图书馆杂志,2019(4):12-15.

"特殊儿童群体""残疾群体类型""公共文化服务""公共图书馆未成年人服务"这七个核心概念。

1.2.1 未成年人

"未成年人"是一个法律概念,指未达到法定成年年龄的公民。我国《未成年人保护法》第 2 条规定:"未成年人指不满 18 周岁的公民"。①

1.2.2 儿童

18 周岁以下的人界定为儿童。

笔者在搜集文献的过程中发现,"儿童""未成年人""青少年""少年"是相关研究中经常出现的四个概念。它们相互间存在差异,但是在实际研究和生活中却又常常混用。②《联合国儿童权利公约》把所有 18 周岁以下的人都称作儿童。

1.2.3 特殊群体

国际图书馆协会联合会(IFLA)2009 年发布的《图书馆特殊群体服务部——术语和定义表》(*Library Services to*

---

① 中华人民共和国未成年人保护法. [EB/OL]. (2006-12-29) [2019-09-29]. http://old.moe.gov.cn//publicfiles/business/htmlfiles/moe/moe_622/200409/3166.html.

② 王作宝. 我国居家监护未成年人贫困问题及其治理研究 [D]. 沈阳:东北大学,2012.

People with Special Needs Section – Glossary of Terms and Definitions）中关于特殊群体（Special Needs）的定义：特殊群体是指由于任何原因不能利用传统图书馆或图书馆资源和服务的人①。包括儿童、老年人、残疾人、贫困人群、农村留守妇女儿童等，因生理、心理或贫困等社会障碍因素，需要特别扶助的群体。

1.2.4 特殊儿童群体

特殊儿童群体是指由于任何原因不能使用图书馆资源和图书馆服务的18岁以下的人。特殊儿童群体不仅包括身体生理上不方便使用图书馆的儿童，还包括因社会因素造成使用图书馆不便的儿童，如，贫困儿童、偏远山区儿童等。

1.2.5 残疾群体类型

残疾群体类型指在心智特质、感觉能力、神经动作等方面存在障碍的类型，如视障、听障、肢体残障、智力障碍、自闭症等。

1.2.6 公共文化服务

公共文化服务，是国家政府公共服务的重要组成部

---

① IFLA, Library Services to People with Special Needs Section – Glossary of Terms and Definitions[EB/OL]. (2019-02-19) [2019-09-29]. https://www.ifla.org/about-lsn.

分，由国家政府的公共部门提供，以保障人民群众文化需求为目的，向广大人民群众提供丰富的文化服务。① 公共文化服务有广义和狭义两个概念，狭义的公共文化服务主要指公共文化机构为人民群众提供服务的过程；而广义的公共文化服务则在狭义概念的基础上，涵盖了公共文化服务资源、设施，及资金、人才、技术和政策保障等等方面的内容。② 我国公共文化服务的主体是由各级公共文化服务机构为人民群众提供所需的公共文化服务。

1.2.7 公共图书馆未成年人服务

公共图书馆未成年人服务，是公共图书馆针对未成年人这一特殊群体展开的图书馆服务。未成年人服务，要根据未成年人的生理和心理特点，采取针对性措施，例如儿童化的语言风格，适合未成年人使用的书架等，同时考虑到未成年人还是社会弱势群体，自我保护的能力不强，所以，图书馆还应开辟未成年人活动的区域，方便开展未成年人活动。

---

① 李国新. 强化公共文化服务政府责任的思考 [J]. 图书馆杂志，2016，35（04）：4-8.
② 高原丽. 构建现代公共文化服务体系需要厘清的几个关系 [J]. 奋斗.2016（4）：80-81.

1.3　研究目标

通过文献调查等形式调研广东省公共图书馆特殊儿童群体服务，了解广东省公共图书馆特殊儿童群体服务的基本情况。在了解广东省公共图书馆特殊儿童群体服务的基本情况的基础上，梳理分析广东省公共图书馆特殊儿童群体服务的典型案例。在案例分析的基础上，运用逻辑归纳法总结广东省公共图书馆特殊儿童群体服务的经验，为广东省公共图书馆特殊儿童群体服务工作提出建议。

1.4　研究意义

我国特殊儿童群体的数量是很庞大的。根据2019年12月出版的《2018中国残疾人事业统计年鉴》显示，截至2017年12月31日，广东地区0～14岁已办理残疾人证人口数量为695248人。①

特殊儿童群体对公共图书馆服务是有需求的。特殊儿童群体因为其身体及经济等方面的原因，能接受到社会的文化资源比普通的儿童来说有限得多②，他们很需要公共

---

① 中国残疾人联合会. 2018中国残疾人事业统计年鉴[M]. 中国统计出版社, 2018: 13-22.

② 束漫."图书馆儿童特殊服务研究"专题前言[J]. 图书馆论坛, 2018 (3): 1.

图书馆为他们提供公共文化服务以满足他们的文化需求。

公共图书馆特殊儿童群体服务的现状还不能满足特殊儿童群体的需求。以广东省为例，全国县级以上公共图书馆评估定级工作的评估定级指标中，有对未成年人及特殊群体服务的指标，达到指标才能评上等级。2017年全国评估定级结果显示，广东省146个公共图书馆，73个图书馆评为一级图书馆；15个评为二级图书馆；38个评为三级图书馆[①]。2019年12月，笔者在互联网搜索有关特殊儿童的图书馆服务活动的新闻媒体报道，去掉重复的报道，统计可得，2009—2019年间，开展相关活动的公共图书馆有43家，共96个案例，有的图书馆在公共图书馆均等化服务方面做得比较好，同时做视障、残障等读者服务。

本书对广东省公共图书馆特殊儿童群体服务的典型案例进行研究，在案例分析的基础上，初步总结经验，为更多的实践提供参考。

---

① 刘洪辉，张靖. 广东公共图书馆事业发展报告（2013—2017）[M]. 北京：社会科学文献出版社，2018：1.

2　文献综述

本章主要介绍公共图书馆特殊群体文献资料的调查情况，并对公共图书馆特殊群体这一领域的研究文献现状进行分析。本章内容包括，文献调查情况，国内外研究现状，研究空间与定位。

2.1　文献调查情况

本研究有四个核心概念，分别为"未成年人""特殊群体""残疾群体类型""公共文化服务"。其中有关儿童的界定，本研究按照"未成年人"的定义，其包含了儿童、青少年等概念；"特殊群体"与"弱势群体"这两个词有较强的相关性；另外，特殊群体主要涉及残疾群体类型，提及较多的词为"视障""残疾""自闭症""阅读障碍症"等，这些词语也将作为检索词。由于本研究需从更广的范围作调查，得出大概情况，再对广东省特殊儿童群体的图书馆服务进行调研，因而在进行文献检索的时候，将"特殊群体""图书馆服务""未成年人""儿童""少年""视障""残疾""自闭症""阅读障碍症"等词汇作为检索词。通过梳理,形成如表2-1所示的检索词。

表2-1 检索词陈列表

概念	中文检索词	英文检索词
未成年人	未成年人	Juveniles
	青少年	Teenager
	儿童	Children
特殊群体 (宏观角度)	特殊群体	Special groups
	弱势群体	Vulnerable groups
残疾群体 的类型 (微观角度)	残疾读者	Disabled Reader
	视障读者	Visually Impaired Readers
	听障读者	Hearing Impaired Readers
	自闭症读者	Autism Readers
	阅读障碍读者	Dyslexic Readers
	智障读者	Intellectual Disabilities Readers
	肢体残障读者	Physically Handicapped Reader
	重度疾病读者	Critically ill Patients
公共文化服务	图书馆	Library
	公共图书馆	Public library

在中国知网（CNKI）的期刊论文库和学位论文库、维普中文科技期刊数据库对中文论文进行查找相关文献，并利用回溯法对查到的每篇文献的参考文献进行回溯检索，对国内关于同被引的论文进行尽可能全面的搜集。同时利用搜索引擎查找相关网页，还查找了超星、读秀、万方等数据库资源。选择 web of science 数据库作为外文文献的检索数据库。通过阅读所得文献，去除错检、一稿多投、文献雷同等文献后，最终筛选 191 篇（件）相关文献。其中期刊论文 168 篇，学位论文 20 篇，专著 3 本。

2.2 研究现状

本部分内容包括，文献的发表年代分布、文献的期刊分布、作者地区分布、研究内容、研究现状分析。

2.2.1 文献的发表年代分布

统计"特殊群体"+"儿童"+"图书馆"的研究论文的年代和数量分布情况，可以在一定程度上反映当年该领域的研究水平和发展速度。本文统计年代为 2002 年 1 月—2020 年 4 月，详细情况如图 2-1 所示。

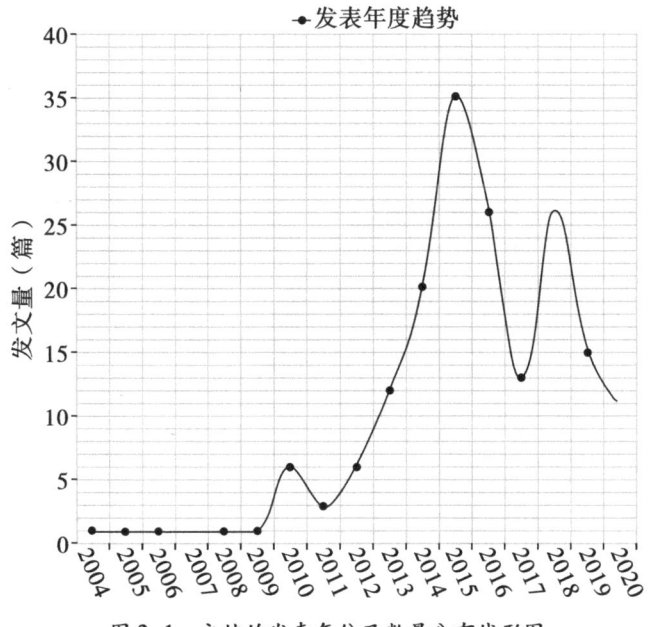

图 2-1　文献的发表年份及数量分布线形图

上面的表和图说明，有关"特殊儿童群体的图书馆"方面的研究论文，在 2002—2009 年一直有学者在研究，2010—2014 年发文量逐步上升，在 2015—2016 年达到峰值 35 篇，2017 年回落到 13 篇，2018 年发文量回升达到 26 篇。这说明，有关这个方面的论题，依然是学术界的热点问题。

2.2.2　文献期刊分布

通过对检索结果的分析，刊载相关论文的期刊种类繁多，较为分散。论文多数发表在普通学术研究刊物，但也有近 30 篇高质量的论文发表在核心期刊中。见图 2-2，图 2-3。

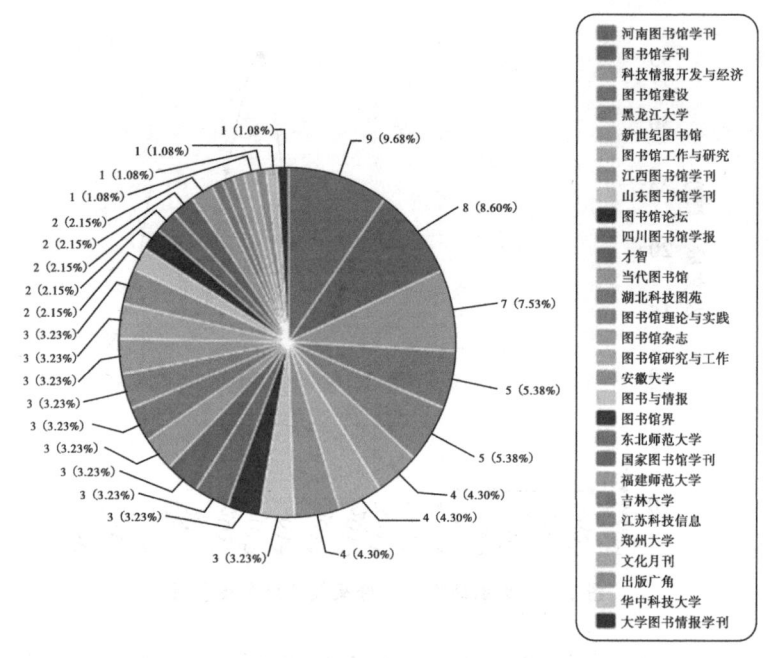

图 2-2　文献发表期刊分布图

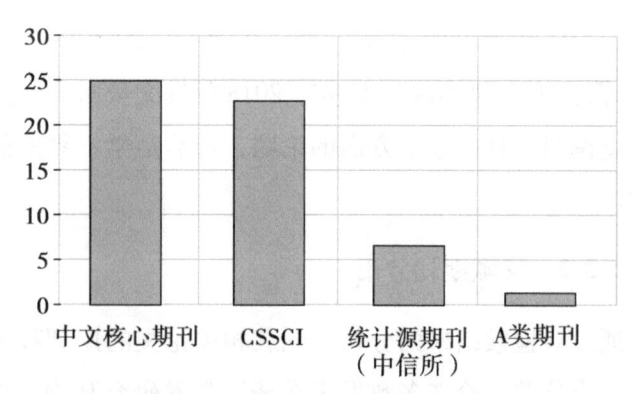

图 2-3　文献发表核心期刊分布图

2.2.3 主要作者机构统计

统计作者机构，可以发现大多数作者单位为公共图书馆。因为，这期间我国公共图书馆开展了面向特殊儿童群体的图书馆服务，公共图书馆的在职人员在服务实践中思考和总结，把心得体会和相关研究撰写成论文并发表。少部分作者为大学图书馆馆员，这是因为高校的科研力量开始注意这一领域，并对这个领域进行了研究。如图2-4所示。

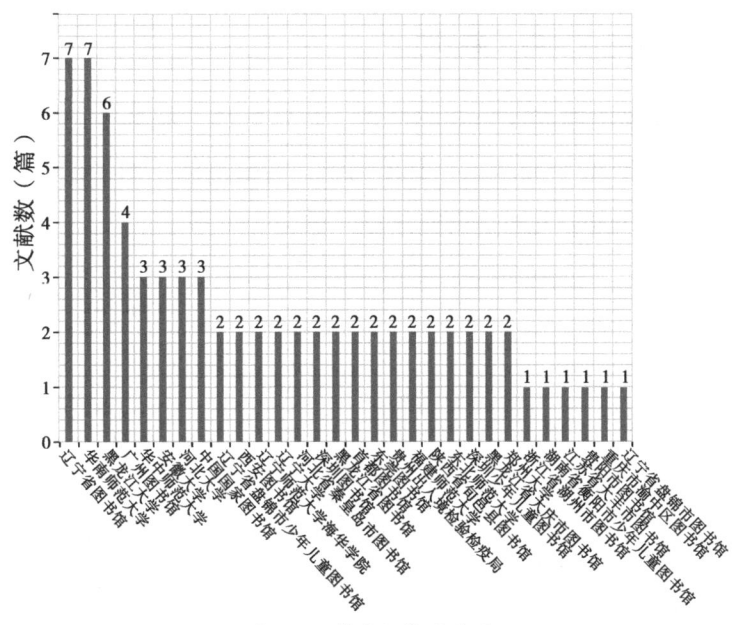

图 2-4 作者机构统计图

发文量排名前五的地区是上海、广东、黑龙江、重庆、北京，这说明在经济相对发达的地区比较重视特殊儿童的图书馆服务和研究工作。如图2-5所示。

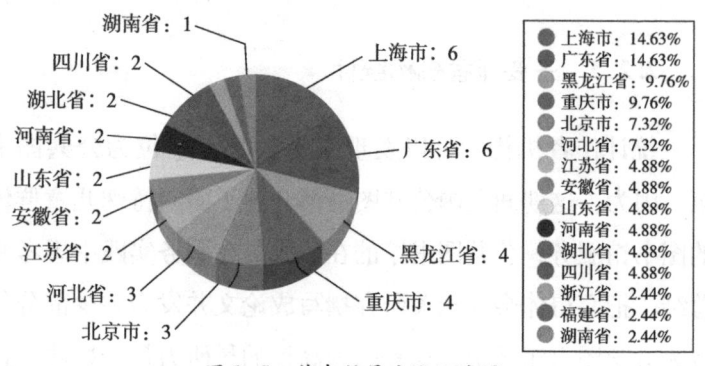

图 2-5 作者所属地区统计图

2.2.4 文献主题分布

文献主题涉及公共图书馆、特殊群体、阅读推广、图书馆法等 30 个领域。公共图书馆、特殊群体、图书馆、阅读推广这四个方面是研究热点。如图 2-6 所示。

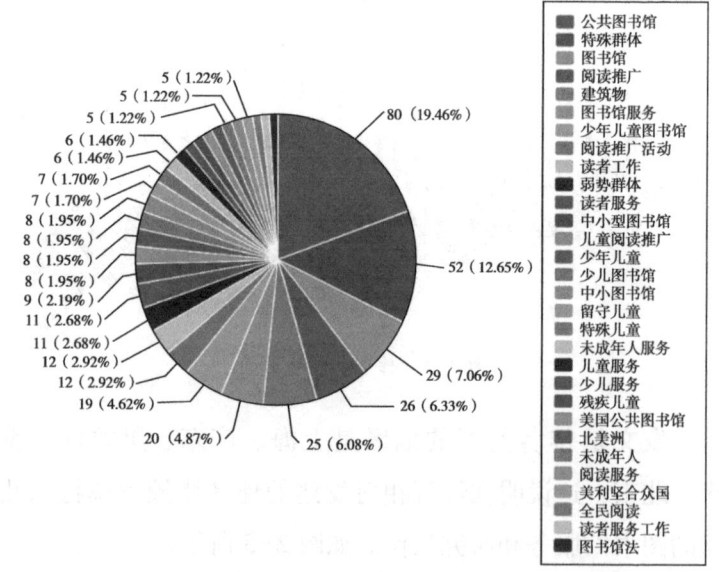

图 2-6 文献主题分布图

2.2.5 文献内容分析

笔者通过文献调查分析,发现对于特殊儿童群体图书馆服务领域的研究在人群层面划分得比较仔细,一直使用"未成年人"作为主题词的文献相对较少,主要按照年龄层面划分为儿童和青少年,这主要是因为这两类人群的差异化比较大,不能合在一起进行研究。在"特殊群体"+"儿童"+"图书馆"主题词对应的相关文献中,关注热点是各类特殊儿童群体使用图书馆的情况,针对图书馆的特殊儿童群体服务模式产生了很多有价值的实践成果。在"弱势群体"+"儿童"+"图书馆"主题词对应的相关文献中,关注热点是公共文化服务中图书馆均等化服务的情况,针对图书馆的社会责任方面产生了很多有价值的研究成果。

2.2.5.1 公共图书馆服务均等化

公共图书馆服务均等化,是在均等化的政策和理念下,公共图书馆通过总分馆体制建设等手段,实现对特殊群体读者的服务。北京大学李国新教授倡导要向社会宣传公共图书馆的均等化理念,让人民群众自觉走进图书馆享受服务,从而提升人民的科学文化素养与阅读水平,这样才能体现图书馆的价值。[①]在公共图书馆服务均等化政策研

---

① 李国新. 公共文化服务体系建设中的图书馆 [J]. 当代图书馆, 2013 (03): 4-13.

究方面，万映红、万莉指出《中华人民共和国公共图书馆法》对特殊群体的服务机制和服务条款做了规定，构建了服务体系。① 在均等化实践层面，杜嵘发现我国少年儿童图书馆在均等化方面的不足，建议政府加大经费投入，图书馆加快个性化建设，改革管理体系。② 林菁提出，在公共图书馆服务均等化理念下，公共图书馆需要对服务对象平等开放；服务网点布局均匀，利于读者访问；阅读活动社会化；开展网络服务。③ 王秀军主张，公共图书馆要实现均等化，需要确立总分馆服务体系，开展多样化服务，保障经费，资源共享。④

2.2.5.2 儿童权利

公共图书馆特殊儿童群体服务的研究中，有关儿童权利的讨论，也是研究的热点之一。范并思认为，儿童权利理论，是公共图书馆未成年人服务的基础理论。公共图书馆未成年人服务中，儿童权利涉及三个主题：1. 儿童的

---

① 万映红，万莉. 公共图书馆服务机制解析——基于《公共图书馆法》[J]. 图书馆学研究，2018（20）：6-13.

② 杜嵘. 少年儿童图书馆实施均等化服务探析 [J]. 图书馆工作与研究，2015（09）：98-100.

③ 林菁. 少年儿童图书馆实施均等化服务探析 [J]. 图书馆工作与研究，2014（04）：101-103.

④ 王秀军. 少年儿童图书馆实现基本服务均等化之我见 [J]. 图书馆工作与研究，2012（11）：117-119.

平等权利；2. 儿童优先原则；3. 对所有儿童平等服务，并向特殊人群倾斜。①夏凡阐述了自己对图书馆的儿童权利理解，他认为图书馆是为保障公民的知识自由权利的一种制度安排。儿童是图书馆的特殊服务群体和弱势群体，在他们使用图书馆过程中，他们的权利更需要保障。② 王翮然、徐建华、李耀昌更关注儿童作为图书馆使用者，具有对图书馆进行评价的权利。认为图书馆儿童服务，应以儿童为中心，保障儿童话语权。③

2.2.5.3 实践案例

国内对特殊群体的图书馆服务案例研究很多，其中大部分为视障读者的图书馆服务。国内学者围绕图书馆视障读者服务，发表了一批高质量学术论文，这与我国长期注重视障读者服务有关。内容涉及视障人士的需求研究；多样化服务实践研究；无障碍设施的建设；视障读者的数字服务研究；视障读物的版权制度构建研究；视障读者综合服务策略研究等。然而，在这些特殊群体的图书馆服务研究论文中，具体到特殊儿童群体的论文则相对较少。在相

---

① 范并思. 图书馆服务中儿童权利原则研究 [J]. 中国图书馆学报, 2012 (11): 38-46.

② 夏凡. 图书馆所应关注的儿童权利 [J]. 图书馆建设, 2006 (1): 25-27.

③ 王翮然, 徐建华, 李耀昌. 倾听儿童的声音：让儿童成为自己图书馆的评价主体 [J]. 中国图书馆学报, 2017, 43 (05): 110-115.

对较少的有关特殊儿童群体的论文中，提及阅读困难症、自闭症儿童的图书馆服务占大部分。束漫、宋双秀对"读写困难症"的公共图书馆儿童服务进行了研究，提出构建完善的制度保障体系，建立多方合作关系；开展宣传活动；研究特定人群需求，打造服务模式。[1]易珂对我国自闭症群体的公共图书馆服务进行了调查研究，指出我国图书馆内部条件不完善；读者认识偏差；图书馆立法层面，制度有缺失。并提出了完善立法，打造专业团队，配备相应资源等建议。[2]万宇、章婕提出从"分众阅读"的研究视角，讨论自闭症、智障等儿童群体如何在图书馆系统中有针对性的服务。[3]

国内学者对国外图书馆特殊儿童群体的案例研究有很多，内容包括，图书馆特殊儿童群体服务实践；有关图书馆特殊儿童群体服务的图书馆立法问题，如，日韩全民阅读立法的经验及对我国的启示[4]。吴洪珺研究了德国公共图书馆少年儿童读者服务，得出德国图书馆服务特点是，

---

[1] 束漫，宋双秀. 公共图书馆"读写困难症"儿童服务的推广问题研究 [J]. 图书馆建设，2015 (10)：13-15，84.

[2] 易珂. 我国公共图书馆开展自闭症群体服务调研 [J]. 图书馆论坛，2017 (07)：109-115.

[3] 万宇，章婕."分众阅读"视角下的特殊儿童图书馆服务 [J]. 图书馆杂志，2019，38 (04)：12-15.

[4] 高凛. 日韩全民阅读立法的经验及对我国的启示 [J]，科技与出版，2017 (12)：20-25.

针对各年龄段儿童特点开展相应的活动；打造图书馆服务网络，广泛开展合作。①李传颖分析评价了英国图书馆特殊群体服务的现状，并对我国的特殊群体服务提出建议，建议关注馆员的心理建设，注重馆员的技能培训；开展对特殊群体的一站式服务等。②

2.2.5.4 国外研究

国外学者对国外图书馆特殊儿童群体的研究也很多，涉及特殊儿童教育中，家庭父母、社区、公共图书馆的支持作用③；服务特殊儿童群体图书馆员的职业素养评估④；图书馆多元化教育领域中，儿童图画书内容涉及残障问题的去标签化讨论⑤；公共图书馆服务均等化，公共图书馆

---

① 吴洪珺. 德国公共图书馆少儿服务的研究与启示[J]. 图书馆建设, 2015 (9): 52-55.

② 李传颖. 英国图书馆特殊群体服务及其对我国的启示[J]. 情报理论与实践, 2016 (10): 140-144, 139.

③ Guillomia S B, Miguel A, Falco B, et al. AAL Platform with a "De Facto" Standard Communication Interface(TICO): Training in Home Control in Special Education[J]. SENSORS, 2017(10): 20-23.

④ Kavanaugh, J R, Lavallee K, Rudd R. A librarian's role in media effects health literacy[J]. REFERENCE SERVICES REVIEW, 2016(2): 132-143.

⑤ Kleekamp M C, Zapata A. Interrogating Depictions of Disability in Children's Picturebooks[J]. READING TEACHER, 2019(5): 589-597.

为残疾儿童提供早期扫盲服务[①]；实践案例研究包括，日本阅读障碍症儿童的公共图书馆服务案例研究[②]，伊朗德黑兰公共图书馆对智力障碍儿童的阅读治疗服务案例研究[③]，俄罗斯托木斯克地区乡村公共图书馆的残障读者服务案例研究[④]等。

2.2.6 研究现状分析

通过对我国特殊儿童群体图书馆服务的研究论文分析可以看到，我国图书馆界在这方面的研究力量主要来自公共图书馆，高校学者也逐渐重视特殊儿童群体服务的实践与研究工作。研究的主题包括，公共图书馆精神、公共图书馆服务均等化、图书馆法治建设、无障碍环境建设、特殊儿童群体服务、阅读推广等。

---

① Prendergast T. Seeking Early Literacy for All: An Investigation of Children's Librarians and Parents of Young Children with Disabilities' Experiences at the Public Library [J]. LIBRARY TRENDS, 2016 (1): 65-91.

② Ikeshita H. Japanese public library services for dyslexic children [J]. JOURNAL OF LIBRARIANSHIP AND INFORMATION SCIENCE, 2020 (2): 485-492.

③ Mehdizadeh M, Khosravi Z. An inquiry into the effectiveness of bibliotherapy for children with intellectual disability [J]. INTERNATIONAL JOURNAL OF DEVELOPMENTAL DISABILITIES, 2019 (4): 285-292.

④ Kuzoro K A, Lyapkova A A. SERVICE OF THE READERS WITH DISABILITIES IN MUNICIPAL RURAL LIBRARIES OF TOMSK REGION: ANALYSIS OF THE EXPERIENCE [J]. 2016 (4): 222-233.

这些研究中也有不足，如，论文主要集中在视障服务领域，对其他残疾类型相对较少；许多公共图书馆实践经验介绍仅限于介绍自己图书馆的做法，未能从更高维度提出更深刻的意见和建议；公共图书馆残障服务理论建设尚待进一步加强，目前对残障服务的指导性文件主要为国际图书馆协会联合会（IFLA）的几个指南文件和国内公共图书馆评估的文件，《公共图书馆法》在这方面也没有十分具体的指导；大多数作者发表 1～2 篇论文后，就不再发表论文了，对这个领域持续深入研究的核心作者比较少。

2.3 研究空间与定位

近年来国内有关公共图书馆面向特殊儿童群体的服务的研究成果已经陆续出现，有理论研究、国内案例研究、国外案例研究等，也有个别按照地区进行研究，如对东北地区弱势儿童群体的公共图书馆服务等。目前来说，尚未有对广东省面向特殊儿童群体的公共图书馆服务的调研论文。

2.3.1 研究空间

公共图书馆面向特殊儿童群体服务的研究空间是很大的，可以研究的内容包括：1. 国家层面的法治建设研究；2. 区域层面，图书馆总分馆制度建设；3. 服务手段的升级，服务制度和规范的建立；4. 与社会力量的合作研究；5. 服务标准化研究等。

2.3.2 研究定位

本研究定位为对广东省公共图书馆面向特殊儿童群体提供服务的典型案例进行调研，总结经验。

3 研究设计

本章为广东省公共图书馆特殊儿童群体服务案例研究的研究设计,内容包括,对公共图书馆未成年人服务相关理论和公共图书馆特殊群体服务相关理论介绍;基于基础理论的研究,构建研究框架;研究方法;案例的选择。

3.1 基础理论

3.1.1 公共图书馆未成年人服务相关理论或文件

本文的理论依据为图书馆未成年人服务"五因素"理论。"五因素"理论是 1982 年,由学者托马斯(Thomas, Fannette Henrietta)在他的论文《美国公共图书馆未成年人服务发展起源:1875—1906》(*The Genesis of Children's Services in the American Public Library:1875—1906*)中提出,影响图书馆未成年人服务有五大因素:专门馆藏(Specialized Collections)、专门空间(Specialized Space)、专业人员(Specialized Personnel)、专项服务(Specialized Programs/ Service Designed for Youth)、合作网络(All

Existing within a Network of Other Youth Services Organizations and Agencies)①。"五因素"理论提出后,"专门馆藏、专门空间、专门人员、专项服务、合作网络"成为评判美国图书馆未成年人服务是否专业化的参考标准之一。美国伊利诺伊香槟分校的詹金斯(Jenkins,A. Jenkins)教授在《图书馆未成年人服务研究文献的历史回顾与总结》(*The History of Youth Services Librarianship:A Review of the Research Literature*)一文中指出"托马斯提出的这五个要素已经成为其他学者进行图书馆未成年人服务研究的框架,是图书馆未成年人服务绕不开的关键因素"②。公共图书馆未成年人服务"五因素"理论近年来也被中国学者用于公共图书馆未成年人服务的研究中,如,中国学者张丽于2018年4月发表在核心期刊《图书馆》的论文《公共图书馆法未成年人服务条款:基于托马斯"五因素"理论的阐释》,也提到"公共图书馆法中未成年人服务条款与托马斯'五因素'理论相吻合。"③;吴品璇、陈柏彤于2019年12月发表在核心期刊《图书馆学研究》的论文《从 Library

---

① Thomas F H. The Genesis of Children's services in the American Public Library: 1875 – 1906 [D]. USA: University of Wisconsin – Madision, 1982.

② Christine A J. The History of Youth Services Librarianship: A Review of the Research[J]. Literature Libraries & Culture, Winter2000: 103-140.

③ 张丽. 公共图书馆法未成年人服务条款:基于托马斯"五因素"理论的阐释 [J]. 图书馆, 2018 (4):12-17.

Journal 年度图书馆看美国公共图书馆学前教育》，论文用公共图书馆未成年人"五因素"理论对 Library Journal 2009—2018 年度图书馆奖获得者进行分析，探讨他们在学前教育中的成功实践与特色服务，以期为我国图书馆学前教育服务提供启发与借鉴①。

3.1.2 公共图书馆特殊群体服务相关理论或文件

本文在公共图书馆特殊群体服务方面的理论或者文件依据为国际图书馆协会联合会（IFLA）发布的 4 个专业服务指南。这 4 个指南分别是 IFLA 第 104、89、86、70 号专业服务指南《智障人群图书馆服务指南》(Guidelines for Library Services to Persons with Dementia)②、《残疾群体利用图书馆——检查清单》(Access to libraries for persons with disabilities -Checklist)③、《信息时代盲人图书馆服务发展指南》(The Libraries for the Blind in the Information Age -

---

① 吴品璇，陈柏彤. 从 Library Journal 年度图书馆看美国公共图书馆学前教育 [J]. 图书馆学研究，2019（12）：95-101.

② IFLA. Access to libraries for persons with disabilities - Checklist [EB/OL]. (2019-02-19) [2019-09-29]. https://eric.ed.gov/?id=ed341401.

③ IFLA. Guidelines for Library Services to Persons with Dementia[EB/OL]. (2019-02-19) [2019-09-29]. https://www.ifla.org/publications/node/9457.

Guidelines for development)[1]、《诵读困难群体图书馆服务指南》(*Guidelines for Library Services to Persons with Dyslexia*)[2]。

这4个专业服务指南是由国际图书馆协会联合会（IFLA）下属的"图书馆为特殊需要人群服务组"（Library Services to People with Special Needs Section，简称LSN）制定。"图书馆为特殊需要人群服务组"是国际图联历史最悠久的部门之一。它成立于1931年，是医院图书馆（病人图书馆）小组委员会。这些年来，这些部门的范围不断扩大，其名称也发生了几次变化。2008年，它从"为弱势群体服务的图书馆组（简称LSDP）"改为现在的名字。[3]

IFLA面向特殊群体服务的四个专业指南对比如表3-1所示。

---

[1] Kavanagh R, Christensen S B. The Libraries for the Blind in the Information Age-Guidelines for development[EB/OL]. (2019-02-19)[2023-12-26]. http://archive.ifla.org/VII/s31/pub/profrep86.pdf.

[2] IFLA. IFLA Guidelines for Library Services to Persons with Dyslexia [EB/OL]. (2019-02-19)[2019-09-29]. https://www.ifla.org/files/assets/lsn/publications/guidelines-for-library-services-to-persons-with-dyslexia_2014.pdf.

[3] IFLA. About the Library Services to People with Special Needs Section[EB/OL]. (2019-02-19)[2019-09-29]. https://www.ifla.org/aboutlsn.

表 3-1　IFLA 面向特殊群体服务的四个专业指南对比表

指南项目	智障人群图书馆服务指南	信息时代盲人图书馆服务发展指南	诵读困难群体图书馆服务指南	残疾群体利用图书馆——检查清单
目标群体	智障群体	视盲、视弱、智力残疾和身体残疾而无法阅读文献的人群	—	—
馆藏资源	书本（图画等）视听材料（音乐资源；电子资源；电脑游戏；视频资源等）	点字文和有声读物；电子资源	有声读物包括书籍、报纸、杂志和带有易读字幕的视频等各种类型资源	书刊、带有字幕/手势语的可视图书/数字视像光盘、大字体印刷书、点字书、易读书、三维触感物像文献、电子图书、录音唱片（包括书籍，报纸和期刊的内容）或是其他非印刷品资源
服务项目	探访、送服务（图书）上门等	—	—	采用声音信息和图书馆网站上的信息能够被残疾人使用；大字号印刷字体的信息或点字；字幕/手势语视频信息、电子邮件信息和易读书
宣传交流	与患者交流；与照料他们的医疗系统员工等交流	对外宣传交流；与专业机构保持紧密联系、合作交流	—	与残疾人个体和组织的代表们合作交流；合作交流的方式可以包括，正式邀请、定期会议及讨论、计划活动、编制说明和媒介交往等等
服务标准和规范	—	公共图书馆法案；联合国的《人权宣言》；联合国的《残疾人机会均等标准惯例》	—	—

续表

指南 项目	智障人群图书馆服务指南	信息时代盲人图书馆服务发展指南	诵读困难群体图书馆服务指南	残疾群体利用图书馆——检查清单
人员要求	—	基层员工、专业图书馆员、技术员和在某方面特别擅长的员工,比如说儿童图书馆员和音乐图书馆员	图书馆员工要平等看待诵读困难读者,要努力学习如何与他们有效交流	通过培训并制定相应的管理措施,员工才能出色地完成服务工作具有图书馆学的专业知识还需要对各类残疾情况有一定的了解。员工应该直接与残疾人用户进行交流,并且应热情地支持残疾人组织
特色服务	—	—	专门为诵读困难读者提供特定图书馆员服务,针对读者提问给出意见	—
儿童患者服务	—	—	在向儿童患者提供阅读指导服务时,要更注重培养儿童的阅读兴趣。其次,图书馆服务应与相关的医疗教育机构密切合作,进一步提高学前阅读培训服务质量	—
物理环境	—	—	—	图书馆的外部环境、入口、休息室、楼梯、电梯和专用室等残疾人都可以方便安全地到达

从表 3-1 可知,IFLA 的四个专业指南从服务主体、馆藏资源、物理环境、项目服务、人员要求和宣传交流几个方面进行探讨,以寻求面向特殊群体图书馆服务的发展之路。

3.2 研究框架

参考 IFLA 第 104、89、86、70 号专业服务指南中的详细要点进行精简梳理，在设施与空间方面主要考察的内容包括馆外设施、入馆设施、馆内设施；在馆藏方面包括馆藏资源、特殊媒体馆藏资源、计算机馆藏服务；人员与管理方面包括员工培训、员工管理、考核评估；服务方面包括基础服务、活动服务；合作网络方面包括体制建设、与其他单位的合作。如表 3-2 所示。

表 3-2 研究框架表

分析目标	内容	分析对象	分析方法
设施与空间	馆外设施	相关资料	内容分析法
	入馆设施		
	馆内设施		
馆藏	馆藏资源	相关资料	内容分析法
	特殊媒体馆藏资源		
	计算机馆藏资源服务		
人员与管理	员工培训	相关政策文本；相关活动方案；相关活动资料	内容分析法
	员工管理（含志愿者管理）		
	考核评估		

续表

分析目标	内容	分析对象	分析方法
服务	基础服务	相关活动总结；相关活动报道；相关活动现场；相关活动受众	内容分析法；现场观察法；社会调查法
	活动服务（包括活动宣传、培训活动、送书上门服务等）		
合作网络	合作体制建设	相关政策文本；相关案例资料；相关历史文献	历史研究法；案例研究法
	与其他单位（包括兄弟单位、学校及社会力量等）合作		

3.3 研究方法

案例分析法，用广东省第六次全国县级以上图书馆评估定级中评上一级馆的名单、残障群体类型和"儿童""青少年"等作为关键词进行网络资料和文献资料搜索，初步调查所得的案例中挑选出六个案例，这六个案例主要涉及服务方式创新、区域协作、服务体制创新等。对这些案例进行分析，总结出它们的成功之处和不足之处。通过分析研究，为提高基本公共文化服务均等化，大力推进全民阅读，保障和实现公民基本文化权益，深化公共图书馆体制机制改革提供案例；在案例调查中针对具体情况采用现场观察、访谈调查、问卷调查等方式收集数据。①

社会调查法，采用文献调查法等形式对图书馆从业人员就图书馆特殊儿童群体服务的馆藏、设施、人员、服务、体制等情况进行调查，并对调查所得数据进行分析研究。②

逻辑归纳法，根据广东省公共图书馆特殊儿童群体服务的六个案例，用求同法、存异法等基本的逻辑方法，透过案例的表象，用科学的原理分析现象，从个别概括出一般③。从五个案例，归纳出图书馆特殊儿童群体服务模式。

3.4 案例的选择

案例选择，首先要确定范围为广东省各级公共图书馆；其次，选择儿童残障群体的类型；最后，考察案例的典型性。典型性包括：服务内容丰富度、服务方式创新度、读者参与度。案例选择的标准见表3-3。

---

① 李庆臻. 科学技术方法大辞典 [M]. 科学出版社, 1999: 2-10.

② 风笑天. 现代社会调查方法 [M]. 华中科技大学出版社, 2015: 1-12.

③ 百度百科. 科学归纳法[EB/OL]. (2019-08-23) [2020-02-12]. https://baike. baidu. com/item/%E7%A7%91%E5%AD%A6%E5%BD%92%E7%BA%B3%E6%B3%95/2123873?fr=aladdin.

表3-3 案例选择标准

序号	标准类型	标准内容
1	图书馆类型	广东省内各级公共图书馆
2	服务对象	各类型儿童残障读者
3	典型性	服务内容丰富度 服务方式创新度 读者参与度

依据表3-3案例选择标准，从初选的案例中，先确定公共图书馆儿童残障读者类型，再在类型中选择服务内容丰富、服务方式创新、读者参与度高的案例，最终案例名单如表3-4所示。

表3-4 案例名单

序号	图书馆	残障儿童类型
1	广东省立中山图书馆	视障儿童服务
2	东莞少年儿童图书馆	阅读障碍症儿童服务
3	深圳南山图书馆	自闭症儿童服务
4	广州少年儿童图书馆	视障儿童服务、听障儿童服务、智障儿童服务、肢体障碍儿童服务、自闭症儿童服务
5	广州图书馆组织"广州公益阅读"项目	重症儿童服务、视障儿童服务、自闭症儿童服务

上述五个案例，主要涉及服务方式创新、区域协作、服务体制创新等。广东省立中山图书馆视障儿童服务的特

点是服务形式多样化，密切与社会各界合作，创新服务模式，构建志愿服务长效机制。东莞少年儿童图书馆阅读障碍症儿童服务的特点是高校科研力量参与公共图书馆建设，把图书馆作为科研实践基地。这做法，既提升了地方图书馆的服务水平，也为高校科研课题研究提供了实践基础。深圳南山图式馆自闭症儿童服务的特点是专业服务，项目获得中国图书馆学会资助及指导，自闭症儿童服务纳入图书馆服务体系，体现了"无偏见"和"平等"的理念。广州少年儿童图书馆开展了面向各类型残障儿童服务的爱童馆服务，它的特点是综合调配全馆各项资源，为各类残障儿童读者服务，实现服务效率最优化。广州图书馆领导下的"广州公益阅读"项目的特点是社会阅读团体在遵循公共图书馆制定的"广州公益阅读"项目规则下参与公共图书馆阅读服务建设，发挥了社会阅读团体在阅读推广工作中的"精准化""灵活"等优势，为公共图书馆阅读推广工作注入新力量，这个项目也是社会力量参与图书馆建设的一种尝试。

4 广东省立中山图书馆视障儿童服务

本章是广东省立中山图书馆视障儿童服务案例的调查情况和分析。内容包括：案例背景、案例概况、案例特色。

4.1 案例背景

据《2018中国残疾人事业统计年鉴》显示，广东地区0—6岁视力残疾儿童数量为13144人。中国盲人协会统计，因为失明，视障儿童的入学率仅为32.5%；每140名视障儿童才拥有一本书，他们可利用到的图书资源很少，不及明眼人的五百分之一。①

广东省立中山图书馆一直很重视特殊群体服务工作，早在1986年就完成馆内无障碍通道的建设，2003年开放

---

① 海珠开展牵手盲童共读好书启听会 为盲童开启阅读之灯[EB/OL]. (2019-08-23)[2020-02-12]. http://gdgz.wenming.cn/gqcz/qxdt_hz/201908/t20190823_6018201.htm.

视障读者电脑专用座席，2012年成立视障读者服务中心。2019年获"全国助残先进集体"荣誉称号。该馆根据残疾人的特点和需求主动提供服务，联合社会力量，举办各类型残障读者服务活动，如，面向视障群体的盲人诗歌散文朗诵大赛等大型活动，定期组织开展面向视障人士的口述电影服务和面向视障儿童的"听·爱"故事会服务等。2017年初，文化部办公厅公布了2016年文化志愿服务典型，广东省立中山图书馆"听·爱"系列视障文化志愿服务积极践行志愿精神，弘扬社会主义核心价值观，保障特殊群体文化权益，推动公共文化服务均等化，被文化部评为2016年基层文化志愿服务活动典型案例。

2012年，广东省立中山图书馆启动关爱视障儿童的"听·爱"故事会志愿服务项目[①]，由原广州军区战士文工团话剧演员或其他机构的志愿者们担任主持人和服务者，于每周四与广东省立中山图书馆的馆员一起到广州市启明学校（原广州市盲人学校）为视障儿童朗读故事。

4.2 案例概况

广东省立中山图书馆根据视障读者的信息需求，提供

[①] 郭科文. 我馆"听·爱"系列视障文化志愿服务荣获文化部2016年基层文化志愿服务活动典型案例[EB/OL]. (2019-08-23) [2020-05-15]. https://www.zslib.com.cn/TempletPage/Detail.aspx?dbid=2&id=2340.

多种形式的个性化服务。如为视障读者提供预约送书上门服务；盲用电脑和"听世界"期刊数据库使用培训服务；在线咨询、代查资料和文献传递服务；有声电子书定制服务等。

广东省立中山图书馆"听·爱"系列视障文化志愿服务主要包括三个大项目，"听·爱"故事会，"心聆感影"无障碍电影现场讲解活动，举办广东省盲人诗歌朗诵大赛。"听·爱"故事会属于送服务到校园，是专门为视障儿童而设的。口述电影和举办广东省盲人诗歌散文朗诵大赛，是成年视障人士和未成年视障人士皆可参与的。

4.2.1 "听·爱"故事会

"听·爱"故事会是组织有专业特长的文化志愿者，于每周四下午到广州市启明学校为孩子们讲故事，同时将每期的故事录制成有声资源，在学校广播站进行播放。相关的服务通讯也会放到官网和公众号进行宣传。馆员精心挑选的故事加上专业演员的演绎，深受孩子们的欢迎，在丰富视障儿童的文化生活之余，也让他们感受到社会的关爱。

"听·爱"故事会主要分为筹备阶段、故事会实施阶段、宣传阶段。

筹备阶段，主要有人员的安排与培训，图书的筛选，讲故事流程设计和排练。

人员的安排与培训，组织有专业特长的文化志愿者参与服务,如"听·爱"故事会邀请了原广州军区战士文工团话剧演员刘晓翠、郭瑞、崔灿等老师参与讲故事活动。同时配备图书馆馆员进行辅助服务。在进行故事会前,会就相关注意事项和参与的志愿者老师及馆员进行培训,如与特殊儿童进行交流的注意事项等。图书的筛选,确定好活动参与的老师和服务人员后,图书馆员提供专业的筛选图书故事的建议,对视障儿童要选择符合他们心理特征的图书,如弘扬积极向上、乐观自信等价值观的图书故事。讲故事的流程设计,主要根据图书内容进行设计,用语言演绎故事。

故事会实施阶段,主要分为三个阶段,第一阶段为主持人问好并与视障儿童进行短暂的交流。第二阶段为讲故事,因为服务对象为视障儿童,因此,如何用语言把故事惟妙惟肖地表现出来,是很考验朗读者的水平的。第三阶段是与视障儿童就刚才的故事进行互动交流。

宣传阶段,是将每期的故事录制成有声资源,在学校广播站进行播放。相关的服务通讯也会放到官网和公众号进行宣传。

4.2.2 "心聆感影"无障碍电影现场讲解活动

无障碍电影,是通过志愿者对电影中的画面进行语言描述,帮助视障人士用耳朵"看"电影的一项活动,它是一个二次创作的过程[①]。无障碍电影志愿者需要花费很多时间和精力去写作剧本、练习口述脚本。无障碍电影相当于阅读推广活动中的"读书会",只是阅读的内容从图书变为电影,这是因为"看"电影的是视障人士。为了增加受众的"阅读"体验,一般以轻松愉快为主,让视障读者在不知不觉中爱上图书馆服务。下面将从举办无障碍电影流程、无障碍电影员工培训、馆藏书目推荐、读者组织、志愿者服务长效机制等方面对无障碍电影项目进行详细的介绍。

举办无障碍电影所需设备和场地有,前期视频设备制作所需的电脑和能播放电影的场地,如报告厅、放映厅,或其他合适的场地。

举办无障碍电影的流程包括:第一,组织相关工作人员进行业务讨论和工作安排,确定适合视障人士观看的电影,一般为鼓励人们积极向上的励志电影。第二,工作人员根据电影进行二次创作,做好电影细节描述脚本,并进行演练。第三,联系相关机构及志愿者参与活动。第四,官网和公众号发布活动信息,官网发布的信息中,还需要发布与电影相关的推荐书目及馆藏信息。第五,实施活动,并注意活动现场的安全保卫工作。活动还设置互动交流环节和面向普通读者的失明体验环节,满足视障人士的

[①] 曾艳春,王芃栞. 广佛文化志愿者携手推进,口述电影让视障者"看见"大世界[EB/OL]. (2019-08-11) [2020-02-12]. http://www.gzlib.gov.cn/mediareport2019/173316.jhtml.

社交需求，让更多的社会人士体会视障人士的困难。第六，注重活动反馈工作，与志愿者团体及读者等密切联系，获取活动后的意见。第七，总结。

无障碍电影员工培训方面，广州图书馆注重员工服务质量的提升，主要借助残联及爱心组织联系相关单位，目前已经组织相关员工到香港澳门等地区的有关机构进行参观学习交流活动，也组织员工到兄弟单位进行交流活动。

馆藏书目推荐方面，图书馆每做一场口述电影，都把与电影相关的馆藏信息公布于活动信息页面，这也是一种馆藏推介。这种形式坚持下来，假以时日，就能形成一份馆藏推介书目。

读者组织方面，关于残障读者如何能克服困难，从住所到达图书馆场馆参与无障碍电影活动，主要方法是：刚开展项目时，由爱心机构通知相关读者参与，图书馆派工作人员到指定地点，如活动当天，志愿者到公交、地铁站点接送参与活动的视障读者，为视障读者提供全程贴心的引导服务，带领读者进入场馆。这项工作坚持了一段时间后，多次参与无障碍电影的残障读者就不需要导引，可以自行参与，并且还能通知他们身边的其他视障人士参与和担当其他视障读者的导引人员。

建立志愿服务长效机制。图书馆与残联和相关爱心组织共同商议，逐步完善相关的服务条款。在权责明确的情况下，无障碍电影项目得以顺利实行下去。

4.2.3 广东省盲人诗歌朗诵大赛

每年举办一届广东省盲人诗歌散文朗诵大赛,为视障人士提供一个展示自我的舞台。联合各地市残联、图书馆、特殊学校、志愿者组织共同举办,广泛发动全省视障人士参与,通过广东电台对决赛进行网络直播和广播录播,进一步扩大活动影响力。

特别值得一提的是,2020年新冠疫情影响下,广东省盲人诗歌朗诵大赛通过线上和线下结合的新形式①,顺利举办。本次比赛活动分为,线上初赛阶段和决赛阶段。

初赛阶段,是通过对参赛视频进行评比,择优参加决赛。初赛于2020年1月启动,在疫情防控的特殊时期,大赛首次采用线上形式组织开展。各地市残联、图书馆、特殊教育学校等单位积极组织选拔赛,广泛发动盲人群体参与赛事,通过建立微信群、QQ群线上交流平台,或邀请专业老师上门一对一指导等灵活多样的方式协助盲人录制朗诵视频及写作散文。视频录制完成后,发送省图书馆进行评比。

决赛阶段,由往年的现场朗诵形式转为现场评审、线上直播和网络投票的方式进行。本次大赛凝聚了各种资源,调动社会多方力量积极参与,得到广东省朗诵协

---

① 徐平,陈佩湘. 广东省第十届盲人诗歌散文朗诵大赛决赛暨第六届盲人散文创作大赛收官[EB/OL]. (2020-05-18)[2020-05-18]. https://www.chinaxwcb.com/info/563162.

会的专业指导和评审，广州青年志愿者协会助残服务总队、广东广播电视台新闻广播、广东学讯科技有限公司等爱心组织和企业也提供多方面的协助，网易直播、广东广播电视台新闻广播直播平台对本次大赛决赛进行全程直播，入围决赛的朗诵作品在线上展播并接受公众投票，大赛影响力和品牌传播力不断提高，营造了扶残助残、残健共融的良好社会氛围。据直播的统计数据，至2020年5月15日17时，网络直播参与人次已超过13.7万，观众在线上为参赛者们加油。

4.2.4 合作网络

广东省立中山图书馆"听·爱"系列视障文化志愿服务项目的合作网络主要有：残疾人联合会、爱心团体、特殊学校等。举办视障儿童服务活动时，爱心团体可以提供志愿者服务；图书馆也送服务到学校；上级领导单位和广东省残疾人联合会指导下举办广东省盲人诗歌朗诵大赛。合作网络如图4-1所示。

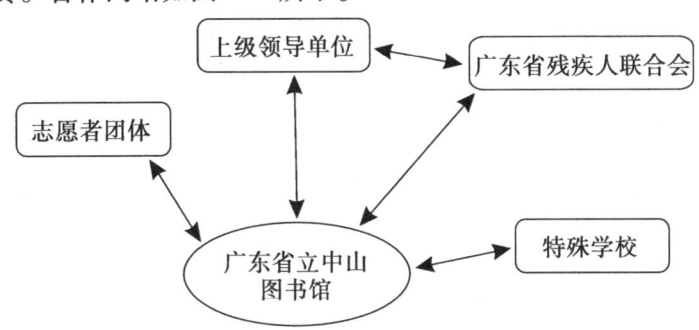

图4-1 广东省立中山图书馆视障儿童服务合作网络图

4.3 案例特色

广东省立中山图书馆"听·爱"系列视障文化志愿服务项目特色为：服务形式多样化，密切与社会各界合作，创新服务模式，构建志愿服务长效机制。

服务形式多样化。多样化体现为五大拓展。一是服务内容拓展。由以往只对纸质盲文资料借阅服务，拓展到音像资料等。二是服务对象精准服务拓展。由以往视障人士（包括成人和儿童），拓展为精准服务视障儿童。三是服务空间拓展。由以往的只有一个阅览室作为活动场地开拓为一层的整个开放阅览区域，服务空间在面积上增大了，并且开拓了报告厅和音像厅等作为无障碍电影讲解活动服务的场地。四是服务模式拓展。由以往单一借阅业务，拓展为开展阅读推广活动。由以往全部由馆员策划活动，拓展为与爱心志愿团体合作，打造视障服务品牌"心聆感影"无障碍电影现场讲解活动。此外，还与学校接洽，实现了公共图书馆服务进校园，也打造了"听·爱"故事会品牌项目。五是服务技术手段拓展。利用新的网络技术手段为读者提供服务。由以往只能用纸质文献服务，拓展为电子数据库，网上资料发送等；由以往只能用有限的方式发布活动信息，拓展为官方网站、微信公众号发布信息。

密切与社会各界合作。该馆开展活动大型活动，如

"广东省盲人诗歌朗诵大赛",需依靠上级领导单位的支持,也离不开志愿者的参与,尤其有特长的志愿者参与,才能确保活动的顺利进行。

创新服务模式,线上线下服务模式。大型活动都采用了网络直播等方式,这是一种把现代通讯科技手段应用到读者服务中的表现,大大提高了活动的影响力。尤其在2020年新冠疫情影响下,创新性地使用了分会场和线上直播的模式,把原来只能在现场集合朗诵的比赛,在现代信息科技的加持下,使异地同步比赛变成了现实。

构建志愿服务长效机制。与广州青年志愿者协会、高校志愿者组织建立长期合作关系,借助专业团队的力量共同开展文化助残活动;招募具有文艺专长的志愿者参与专项志愿服务,如每周到盲校举办的"听·爱"故事会,就先后有专业话剧演员刘晓翠、郭瑞、崔灿等老师参与;定期组织开展无障碍服务志愿者培训,帮助志愿者提高服务水平。

"听·爱"故事会,是广东省立中山图书馆在他们长期的视障服务过程中发展起来的,读者群体明确为视障儿童。这说明,图书馆服务开始向服务群体精细化迈进。

"听·爱"故事会发展成一个品牌后,又把相关的无障碍电影和广东省盲人诗歌朗诵大赛归并为广东省立中山图书馆"听·爱"系列视障文化志愿服务项目,这有助于促进图书馆整个视障服务形成体系,并进行推广。再者,残障儿童也需要从特殊教育的校园走出来,多接触社会,从而融入社会，实现残健共融。图书馆员到特殊学校进行阅读推广工作时，还需要顺带把图书馆的相关活动进行推介，把视障儿童吸引到公共图书馆，让他们享受图书馆提供的其他公共文化服务。

5 东莞少年儿童图书馆阅读障碍症儿童服务

本章是东莞少年儿童图书馆阅读障碍症儿童服务案例的调查情况和分析。内容包括：案例背景、案例概况、案例特色。

5.1 案例背景

中国科学院心理研究所有关课题组公布了"中国读写困难现状调查"，调查显示，2014年，中国读写困难症的疑似发病率在11%左右。由此推算，中国现在约有1000多万小学生患上读写困难症。[①]

目前在国内公共图书馆开展阅读障碍症服务的，一般是面向阅读障碍症儿童。阅读障碍症（Dyslexia），又称失

---

① 盛梦露. 千万小学生的难言之困：读写困难不是"笨"[J]. 云南教育：视界，2016（6）：20-22.

读症、读写障碍症、诵读困难症,它是一种从基因发起的神经系统的隐性残疾,属于特别的学习障碍。阅读障碍症的主要特征是对语言处理、音韵辨识和解读书面文字等方面存在困难,表现为认字、拼写、阅读和写作的问题。①2012年之前,国内对公共图书馆阅读障碍症儿童服务的研究是很少的。2013年,国家社会科学基金项目"公共图书馆为阅读障碍人群服务的理论、方法与对策研究"立项,正式开启了中国图书馆界面向阅读障碍群体服务的研究。②这个国家社会科学基金项目的负责人为华南师范大学的束漫教授,这个课题联系了广州图书馆、浙江嘉兴图书馆、东莞少年儿童图书馆等单位。

  本研究选择东莞少年儿童图书馆的阅读障碍症儿童服务作为典型案例,除了研究公共图书馆怎样开展阅读障碍症儿童服务工作外,还探讨公共文化体系服务视野下高校科研力量如何参与公共图书馆阅读障碍症儿童服务,如何提高图书馆的服务能力,使更多阅读障碍症儿童享受到公共文化服务。

---

  ① BJORKLUND M. Dyslexic sudents success factors for support in a learning environment[J]. The Journal of Academic Libarianship, 2011, 37(5): 423-424.

  ② 束漫. 图书馆阅读障碍症人群服务研究 [M]. 北京:国家图书馆出版社, 2019:8.

5.2 案例概况

2014年,东莞少年儿童图书馆主动联系课题组,积极参与课题研究,最后与课题组达成了合作意向,成为高校课题组的公共图书馆实践基地。当时,东莞面向阅读障碍症儿童的服务相对滞后,东莞市并无服务阅读障碍症儿童的专业机构,公众对"阅读障碍症"认识程度普遍不高。但东莞图书馆在成为课题基地后,利用高校科研成果指导实践,开展阅读障碍症群体服务项目,并在实践中不断总结经验,现在已经成为我国提供阅读障碍症服务比较好的图书馆之一。

5.2.1 项目实施过程

东莞图书馆与高校达成合作意向后,制定了阅读障碍症群体服务项目合作计划,项目大概分为三个阶段,筹备阶段、实施阶段、总结阶段。

5.2.1.1 筹备阶段

主要包括确定馆藏资料和宣传资料、人员培训、确定专项服务活动方案。

首先,确定馆藏服务资料。东莞少年儿童图书馆结合本馆馆藏,编写了《读写困难资料库》,资料库内容包括图书资料、光盘、电子资源等。同时,编制了宣传资料

《帮助聪明的"笨"小孩》的宣传手册,并且联系明恩传媒、北京乐朗乐读学习潜能研发中心等社会企业制作了《拯救聪明的"笨"小孩》专题宣传片,用于项目对外宣传。

其次,进行馆员专业培训。一是向全体馆员发放《图书馆为服务读写困难儿童而行动》宣传手册,手册内容为介绍阅读障碍症症状、世界各地对阅读障碍症的服务措施等。二是组织专项服务人员参加培训学习。确定项目人员,到广州参加由广州市图书馆学会、广州图书馆、东莞图书馆联合举办的"读写障碍服务高级研修班",学习阅读障碍症服务知识。研修班内容包括,阅读障碍症学生的评估;阅读障碍症的治疗方法;与阅读障碍症家长的沟通方法等。其后,还组织阅读障碍症负责人到专业机构进行实地考察。图书馆项目负责人到深圳参观卫宁读写障碍服务中心,与专业培训老师进行沟通,了解阅读障碍症基本矫治方法,并现场观摩读写训练课程。①

最后,确定专项服务方案。专项服务是"暑期读写训练班"活动,这是为期八天的读写训练班课程。编制了《暑期读写训练班工作方案》,方案规划了课程名称、目标人群、训练班的学习内容、学习形式等。

---

① 郑文君,赖丽玮,宗何婵瑞. 东莞图书馆少儿分馆读写困难症儿童服务案例研究[J]. 国家图书馆学刊,2015(06):59-65.

5.2.1.2 实施阶段

主要包括：宣传工作、确定目标儿童、实施专项服务。

宣传工作。一是图书馆内摆放海报；二是在馆内电视墙播放《拯救聪明的"笨"小孩》专题宣传片。三是派发《帮助聪明的"笨"小孩》的宣传册。四是通过官网发布《拯救聪明的"笨"小孩》专题宣传片。五是发布图书馆开展阅读障碍症辅导班的资讯。

确定目标儿童。图书馆借鉴香港"小学生读写困难行为量表"，结合内地实际情况撰写《读写能力测量表》。与东莞东城八小和东城六小合作，在教师和家长的配合下，让相关儿童填写量表和进行阅读能力测试，最终确定12名儿童参加图书馆服务活动。

实施专项服务。东莞少年儿童图书馆阅读障碍症"暑期读写训练班"活动是帮助阅读障碍症儿童提高读写能力的课程。课程集文字、语文、感知等方面训练于一体，旨在提高儿童对文字的兴趣，帮助他们掌握文字和阅读技巧，对儿童在训练中表现出来的问题予以纠正。此外，还对儿童的家长进行培训，让家长帮助儿童建立自信心，提高阅读能力。训练班教学形式丰富，它使用多感官教学方法[1]，基于听觉、视觉、触觉等多重感官共同作用，提高

---

[1] 百度百科，多感官学习法[EB/OL]. [2020-02-12]. https://baike.baidu.com/item/多感官学习法/12018807.

他们的阅读综合能力。一是课程使用点读机等设备进行多媒体教学。二是课程适当运用游戏策略，运用口诀、看图说话、角色扮演等形式，减少强行记忆，提升学习效果。三是倡导亲子伴读。教授家长亲子伴读的技巧，保证儿童课后阅读量。

5.2.1.3 总结阶段

主要包括：教学评估和项目总结。

教学评估。课程中，由老师和教辅人员，根据教学现场做好教学记录，课后还发放调查问卷让家长填写。回收问卷并进行综合分析，得出训练班提高了儿童自主学习的兴趣，儿童学习自信心增强。训练班效果总结得出：一是活动广泛宣传，但是少量儿童受益。二是课程内容设计尚待完善。三是家长伴读观念缺乏。四是目标儿童筛选标准需要改进。五是长期跟踪服务有待持续。

东莞少年儿童图书馆阅读障碍症儿童服务总结：一是需要配备更多专门为阅读障碍症儿童设计的图书资料。二是加强专业馆员的培训。三是加大服务宣传的力度。四是拓展服务延伸半径，积极联络学校、老师。五是采取多种多样的服务方式，组织各类主题活动。六是开展多方交流合作，构建合作网络。七是打造志愿者合作长效机制。八是探索阅读障碍症儿童图书馆服务模式。

5.2.2 合作网络

合作网络主要是由高校课题"公共图书馆为阅读障

人群服务的理论、方法与对策研究"为起因，高校的科研人员作为整个服务的开始的推动力量，全面铺开涉及兄弟单位、高校、中小学、社区服务培训教育机构等的合作网络。

通过高校的联系，东莞图书馆、广州图书馆都加入了课题作为实践基地。高校课题组因研究需要，与各类阅读障碍症的机构有联系合作关系。因而，有合作关系的深圳卫宁公益机构等社会力量，也以提供技术支持、提供服务经验和提供目标读者等形式加入了课题。随着研究的推进，广州增城乐众社区和中山阳光社区服务也加入了课题，成为课题的实践基地。有的社区与当地小学挂钩，有关阅读障碍症辅导的服务更是由社区渗透到小学。使图书馆服务顺利地进入了小学。

由于有课题的引领，与兄弟单位的合作，也形成了统一化标准化的操作，如广州图书馆和东莞少年儿童图书馆都在馆内摆放宣传栏，发放宣传折页，进行了读者调查；两个图书馆的有关馆员都参加了香港有关方面专家面向图书馆员和小学教师、家长等的如何辅导阅读障碍症儿童的培训。暑假期间，两个图书馆都开设了学习体验营。

高校（华南师范大学）参与指导的东莞少年儿童图书馆阅读障碍症儿童服务的服务网络机制，以课题组研究推动，首先与公共图书馆、学校、公益机构等进行合作；其下为实施层面，以馆员、老师和社会力量的志愿者实施阅读活动；活动对象为特殊儿童群体及其家长。东莞少年儿童图书馆阅读障碍症儿童的服务网络,见图 5-1。

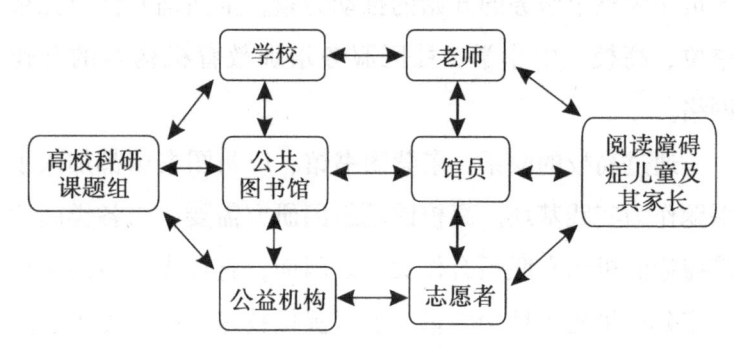

图 5-1　东莞少年儿童图书馆阅读障碍症儿童服务合作网络图

5.3　案例特色

东莞少年儿童图书馆阅读障碍症儿童服务的案例特色为:高校科研力量参与公共图书馆建设。

2012 年以前,阅读障碍症患者在我国还是属于比较不受关注的群体,因为这个症状不属于残疾,而且比较难以判断。随着国家对推广全民阅读计划,及越来越重视文化建设,图书馆开始重视特殊需要人群的服务问题。能开展特殊需要人群服务的图书馆,一般为省级图书馆或者经济较好的市级图书馆,因为只有这两类图书馆有充足的经费支持,以及可以有更大的可能找到一定量的重点服务群体儿童。此外,还需要有图书馆专业团队进行指导,毕竟这些小众团体的服务,在我国尚属于探索阶段。

东莞少儿馆能够顺利实施阅读障碍症儿童服务,主要是有华南师范大学束漫老师课题组的同学作为志愿者参与，并且在高校老师的联系下，参加了广州举办的培训班，也跟随课题组参观了全国兄弟单位的阅读障碍症的服务情况，互相交流服务经验。与中小学、社会康复机构合作，搭建了广泛的合作网络。

广泛的合作网络，能够最大限度地接触到一定量的阅读障碍症儿童，研究他们的特点，并制定相关的阅读辅导方案。与学校机构合作，能够保证阅读障碍症儿童能够在一段时期内稳定地到图书馆进行阅读辅导。这为东莞少儿馆阅读障碍症儿童服务提供了服务对象。

高校科研力量的参与，为东莞少年儿童图书馆的阅读障碍症儿童的服务提供了坚实的理论指导。高校科研力量对阅读障碍症群体进行了研究，研究了国外阅读障碍症的图书馆服务，也参考了香港地区阅读障碍症的教学经验。把东莞少年儿童图书馆作为实践基地，把已研究的理论应用到东莞当地的实践中。在实践过程中，注重与当地的实际相结合，对在实际辅导中出现的不足，适当进行调整优化，研究出适合当地特点的阅读障碍症儿童图书馆服务方案。

高校科研力量参与公共图书馆特殊儿童群体服务，是一个比较好的形式。

首先，高校需要实践基地。高校侧重于科研与教学，注重理论建设。高校的科研教学也很需要为学生提供实践机会，而科研也需要有实践的基地。公共图书馆恰好是一个很好的实践基地。

其次，公共图书馆需要科研力量指导。公共图书馆侧重于对公众的服务，科研能力相对薄弱，很需要高水平的图书馆专业人员提供指导，提高公共图书馆的科研水平和服务水平。高校科研力量参与图书馆建设有利于提升公共图书馆的科研水平。

最后，高校科研力量和公共图书馆的合作，有利于教育机构与图书馆之间的合作网络构建。高校尤其是师范类院校，与当地的教育部门是有一定的关系的，高校力量和公共图书馆合作项目，能把公共图书馆服务推进到当地的小学、中学及特殊学校。由于原来公共图书馆的管理部门属于文化部门管理，主要面向社会公众；中小学属于教育部门管理，有的中小学自身也配备了中小学图书馆。公共图书馆要把服务推进到中小学是比较困难的。高校科研力量的参与，一定程度上促进了公共图书馆服务进校园工作。

案例的不足之处在于，项目依靠高校力量，当高校项目结束后，阅读障碍症儿童服务能否坚持办下去有待时间验证。

6 深圳南山图书馆自闭症儿童服务

本章是深圳南山图书馆自闭症儿童服务案例的调查情况和分析。内容包括：案例背景、案例概况、案例特色。

6.1 案例背景

自闭症，又称孤独症（Autism），是一种由于神经系统失调导致的发育障碍，它的基本特征是在社交中表现出明显的不正常或交流技能受损，活动和兴趣很狭窄。社会交往缺陷是其明显标志。①。截至2019年12月31日，广东有超过16万名不同程度、各种类型的自闭症患儿，以男孩

---

① 国家卫健委权威医学科普项目传播网络平台，百科名医网. 自闭症[EB/OL]. (2019-04-03) [2020-02-12]. https://baike.baidu.com/item/%E8%87%AA%E9%97%AD%E7%97%87/311.

居多，发病率在逐年上升。①

自闭症儿童是社会弱势群体，他们缺少社交能力，很需要社会机构给他们一个接触社会地方，锻炼社交能力，使他们能够康复并走进社会。深圳南山图书馆发挥馆员专业积极性，自行寻找图书馆服务的课题，他们经过思考，在查找了相关文献资料后，确定开展自闭症儿童图书馆服务。这项服务的目的是探索图画书阅读对自闭症儿童的辅助治疗作用，也为自闭症儿童提供了走出家门、走出康复机构的机会②。使自闭症儿童能在公共图书馆这样的平台上，接触社会，锻炼他们的社交能力。深圳南山区图书馆自闭症儿童服务，主要为举办"星星点灯"自闭症儿童读书会。

"星星点灯"自闭症儿童读书会于 2012 年创办，馆员们用心运营，不断总结服务经验，自闭症儿童服务社会反响良好，截至 2018 年 7 月，共举办了 56 场，2049 人次参与。

---

① 羊城晚报. 广东自闭症儿童超过 16 万人 康复机构"少而小"[EB/OL]. (2012 - 05 - 09) [2020 - 02 - 12]. http://www.guduzheng.net/2012/05/89728198088741.html.

② 深圳新闻网. 破解儿童阅读"密码"南山图书馆搭建"通往幸福的阶梯" [EB/OL]. (2018 - 02 - 06) [2020 - 02 - 12]. http://inanshan.sznews.com/content/2018-02/06/content_18452328.htm.

6.2 案例概况

"星星点灯"自闭症儿童读书会,由深圳南山图书馆、南山区义工联、星光康复中心联合主办。三个单位在达成合作意向后,共同策划筹备"星星点灯"儿童图书会事宜。图书馆主要负责阅读推广方面的工作;义工联使用他们的社会工作理论知识和经验,对自闭症儿童这一社会弱势群体提供社会援助和社会网络支持;星光康复中心提供了自闭症患者的特性和康复护理方面的专业知识,并且,"星星点灯"自闭症儿童读书会的自闭症儿童读者也是这个康复机构提供的。

"星星点灯"自闭症儿童读书会从筹备到实施主要经历了:1. 馆藏建设阶段;2. 读书会策划阶段;3. 读者会实施阶段。另外,深圳南山自闭症儿童服务的网络合作方面的情况如下。

6.2.1 馆藏建设阶段

要举办读者活动,图书馆需要有相应的馆藏资料。南山图书馆制定专项馆藏的过程如下。

第一,了解读者需求。星光康复中心向深圳南山图书馆介绍了有关自闭症儿童群体的特点和需求:自闭症儿童不善于社会交往和情绪表达;在生活自理方面能力有所欠缺;容易被色彩丰富的图画所吸引等。

第二，根据需求制定选择馆藏的标准。深圳南山图书馆根据自闭症儿童的特点，制定了挑选本馆馆藏的标准，1. 图书要适合 0-6 岁儿童阅读；2. 颜色鲜艳美观的图画书。3. 图书内容主要为生活常识、交流共同、情绪表达等。4. 文字简单、容易理解。

第三，从本馆馆藏中，挑选适合的图书。经研究挑选，制定了南山图书馆"自闭症儿童绘本书目"，书目一共有 50 种绘本。

6.2.2 读书会策划阶段

6.2.2.1 活动筹备策划

选择绘本读书会活动的绘本故事进行活动设计。在南山图书馆研制的"自闭症儿童绘本书目"50 种绘本中，选择了其中 12 本。活动设计主要环节包括：场地布置、故事开场白设计、故事讲述设计、故事延伸活动设计、问卷调查设计。

设计完毕后，工作人员和星光康复中心的老师对读书会设计方案进行讨论，修正设计方案。方案确定后，工作人员进行试讲演练。在演练彩排时邀请星光康复中心的老师进行审核提出改进意见，然后再对不足之处进行修正。确定无误，即可进行读书会活动。

6.2.2.2 人员培训管理

自闭症儿童读书会，自 2012 年 7 月开办，大约每月举办一次。讲故事的馆员为本馆馆员，南山义工联组织的爱心团体的志愿者参与志愿服务，志愿者在读书会全程实行一对一的陪护。

在正式进行读书会活动前，还需要对读书会的人员作详尽的安排，安排人员做接待、问卷发放等。对接待人员需进行必要的培训，为此，南山图书馆特别研制了《"星星点灯"自闭症儿童读书会应知应会 Q&A》，主要涉及读书会举办过程中一般会遇到的问题及解答，问题包括："如何与自闭症儿童打招呼？""自闭症儿童在故事会期间离开座位，如何处理？""自闭症儿童无心参与读书会，如何处理？"等。这些类似的问题，都在与星光康复中心的老师们辅助下，制定了相对规范的回答。

由于图书馆正式员工数量是有限的，读书会的接待工作会分派给爱心义工团体志愿者承担。因此，在举办读书会活动前，会召开参与活动的义工进行培训，把志愿者要做的任务、注意事项等予以说明。

6.2.3 读书会服务实施及推广

深圳南山图书馆自闭症儿童服务主要策略是，1. 举办"星星点灯"自闭症儿童读书会；2. 把自闭症儿童读书会纳入"南山图书馆儿童推广活动体系"。

6.2.3.1 自闭症儿童读书会

读书会活动流程为：预热活动→阅读活动→延伸

活动。

预热活动。首先,馆员与自闭儿童逐一问好。这是锻炼自闭儿童与陌生人的交往能力,是融入社会的第一步。然后,播放热身音乐,让儿童跟随音乐活动,调动儿童的情绪,使他们能融入读书会的环境中。

阅读活动。就是把之前已经彩排好的故事,在故事会上展示一次。故事会的故事是经过精心设计挑选的,里面有介绍日常的生活知识,情感表达,社交训练等内容。这样设计目的是帮助自闭儿童提升社交技能和生活技能,也是一种康复训练。

延伸活动。围绕故事会的故事,进行游戏活动,让儿童参与到游戏中,增强故事会的教育效果。然后,还会安排自闭症儿童的统感训练项目,锻炼儿童的身体协调能力。最后,活动结束,主持馆员与自闭儿童逐一道别。

6.2.3.2　自闭症儿童读书会纳入儿童推广活动体系

深圳南山图书馆开展了种类繁多的儿童阅读推广活动,原来各个活动分散建设,后来图书馆整合所有儿童阅读推广活动,统一在南山图书馆儿童活动品牌中,使其形成体系。各种类型的活动针对具有不同阅读兴趣、不同阅读能力、不同年龄的儿童设计,打造南山图书馆层级儿童阅读推广体系——"通往幸福的阶梯"项目。"星星点灯"自闭症儿童读书会也归并在这个体系中,属于该体系的

"第九级台阶"①。图书馆举办面向自闭症儿童的服务,是对特殊群体的关爱,更是希望通过图书馆的服务,能使一部分重点人群儿童的疾病能够减轻甚至治愈。自闭症儿童恰恰是特别需要与社会接触,锻炼与人交往能力的一群人。图书馆推出多种儿童阅读活动,使得自闭症儿童也能通过体系得知各种活动信息,选择感兴趣的参加。

形成体系的做法,是有很多好处的。1. 有利于图书馆品牌建设,有利于图书馆活动的宣传推广。2. 对图书馆各种活动进行统筹,能避免活动重复建设。3. 提高读者参与度。在活动宣传时,读者可通过活动体系,查找适合自己的活动。有的读者原来只参加一个活动,通过体系获知还有其他活动也感兴趣,那么他们就会参与,此举提高了活动参与人数。4. 通过体系建设,也有助于各活动之间服务的互相促进交流。

"星星点灯"自闭症儿童读书会也归并在这个体系,体现了平等的理念。纳入体系,也有利于图书馆形象的宣传。自闭症儿童也可以参加其他活动,有助于他们接触社会,锻炼社交能力,融入社会。

6.2.4 合作网络

深圳南山图书馆自闭症儿童服务的合作网络为星光康

---

① 深圳南山图书馆. 破解儿童阅读"密码"南山图书馆搭建"通往幸福的阶梯"[EB/OL](2018-02-09)[2020-02-12]. http://mini.eastday.com/a/180209143942565.html.

复中心，南山区义工联合会。社会上的爱心团体经南山区义工联合会统筹安排，安排妥当后到深圳南山图书馆实施志愿者服务。社会上的爱心团体包括：光大银行深圳分行、《深圳晚报》、华侨城物业[①]、中冶建研深圳分院[②]等。合作网络如图 6-1 所示。

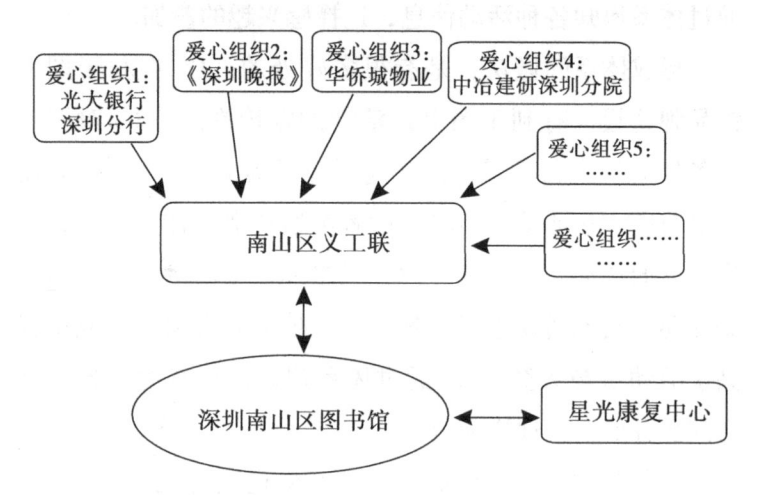

图 6-1 深圳南山图书馆自闭症儿童服务合作网络图

[①] 徐剑. 光大集团驻深企业举办"点亮星光"公益活动[EB/OL]. (2015-09-22) [2020-02-12]. http://sz.southcn.com/content/2015-09/22/content_133374239.htm

[②] 汪家靓. 以爱之名，为星星点灯——中冶建研深圳分院参加"与自闭症儿童共同悦读"活动[EB/OL]. (2016-07-25) [2020-02-12]. https://mp.weixin.qq.com/s/E7sF7p7icWoCOe78Ua80Ag.

6.3 案例特色

深圳南山图书馆自闭症儿童服务的案例特色为：为自闭症儿童提供的专业的图书馆服务，探索特殊儿童群体的图书馆服务模式。

这个案例是市区级图书馆的馆员发挥专业积极性并取得很好的服务成果的案例。市区级图书馆员们发掘读者需求，自己确定服务群体，然后与当地的义工联合会、学校、康复机构联系，也获得上级领导机构的支持，打造了一个以图书馆为中心，与各方机构互相联系的服务网络。利用这样的服务网络，获得了服务对象群体，也获得了志愿者及专业机构的支持。通过自身的学习和实践，一步一步打造了地区图书馆特殊群体服务品牌。

把自闭症儿童读书会纳入图书馆活动推广体系的做法，也是十分值得称赞的，这个做法体现了"平等"的理念。自闭症儿童也不仅可以参加"星星点灯"自闭症儿童读书会，还可以参加其他读书活动。自闭症儿童如能参加多种活动，则能提高他们与外界交流的能力，那么对他们的自闭症的治疗是有很大的好处的。

深圳南山区图书馆，通过与南山区义工联、星光康复中心联合合作，打造了一个图书馆的阅读品牌项目，这种做法值得推广。

首先，与专业的康复机构合作，能够解决寻找自闭症儿童的难题。因为专业机构本身就具备一定的潜在读者群。在读书会活动做得很好的时候，自然就会吸引了自闭症儿童参与到读书会中。

其次，与南山区义工联合作，则能解决寻找志愿者的问题。图书馆人力资源有限，而在一些较为小型的图书馆影响力不是很大的情况下，志愿者是很难自动送上门的。通过与地区义工联合作，则能解决了图书馆人力资源问题。

最后，通过与南山区义工联、星光康复中心联合合作，图书馆就能把人力资源集中到如何做好自闭症儿童服务工作中，也能分配自身馆员对志愿者进行培训，更好地做好自闭症儿童服务工作。

案例的不足之处在于，太过于依靠康复机构提供目标读者，自闭症读者服务，目前只限于读书会形式。从自闭症读者角度，多接触社会，多与人沟通，提升他们的社交能力才是他们最需要的，因此，建议根据自闭症儿童读者的特点，开发更多符合他们需求的活动。

7 广州少年儿童图书馆爱童馆服务

本章是广州少年儿童图书馆爱童馆服务案例的调查情况和分析。内容包括:案例背景、案例概况、案例特色。

7.1 案例背景

根据广东省残疾人联合会发布的《广东省 2019 统计年报数据》显示,广东地区 2019 年度接受残疾人事业助学项目资助的儿童数量为 2657 人。[①]残障儿童相比健康儿童,更需要有公共文化场所,让他们获取知识,和有机会和特殊学校以外的人接触,融入社会。

2015 年,广州少年儿童图书馆开放了特别为残障儿童而设置的"爱童馆"。它是广州市第一个专门为残障儿童设置的图书馆,为视障儿童、听障儿童等提供服务。

---

① 中国残疾人联合会. 中国残疾人事业统计年报(2019)[EB/OL]. (2020-04-14)[2020-04-16]. http://www.gddpf.org.cn/xxtj/sytj/tjsj/202004/W020200414583301474643.pdf.

爱童馆是广州少年儿童图书馆主楼一侧的独立建筑，铺设了盲道。馆内有几百种盲文资料，还有各种专门为残障儿童设计的视听设备。对残障儿童来说，他们到图书馆并不便利，广州少年儿童图书馆就为他们提供送书上门服务。①

广州少年儿童图书馆除了注重基础业务建设，还开展主题阅读服务，更抓住举办"助残活动周"综合活动的机会，向全社会宣传广州少年儿童图书馆的爱童馆服务。

7.2 案例概况

从设施与馆藏、服务和培训、合作网络，这三方面阐述广州少年儿童图书馆爱童馆服务案例的情况。

7.2.1 设施与馆藏

设施方面，在中山四路广州少年儿童图书馆新馆专门为残疾青少年儿童精心打造的爱童馆为特殊儿童配备专门的文献信息资源、阅读设备，提供了轻松便利的阅读环境

---

① 陈阳. 广州少年儿童图书馆残疾青少年儿童"爱童馆"正式投入使用[EB/OL]. (2015-10-08)[2020-02-12]. http://www.gzdpf.org.cn/Article/news1/14393.html.

和活动空间。①爱童馆旁边建有专门为残障人士准备的爱心停车场。

广州少年儿童图书馆新馆大楼为"星火燎原"馆，采用全开放、大空间、无间隔的功能布局，阅览空间高大宽敞、服务布局通畅。馆内标识明显，方便残障人士根据指引去到各个场馆。爱童馆配备读者完全自助的办证、借还、图书分拣等自动化设备，数字网络监控系统等安全保障设施。馆内的自助借还机也是根据儿童的身高设置的，方便儿童使用。在爱童馆配备有盲人听书机、无障碍阅读机、方便视障人士使用的电脑设备。

馆藏方面，广州少年儿童图书馆馆藏纸质图书（含盲文图书资料）共100多万册、电子资源数据库25个约200万册、21TB（太字节）。馆藏按照资料内容分布到各个场馆中。场馆一共有10个，分别是：童趣馆、外文馆、文学馆、港台馆、音像馆、绘本馆、历史馆、科普馆、市民馆、爱童馆。盲文资料等一般存放于爱童馆。

7.2.2 服务

广州少年儿童图书馆残障儿童服务主要包括：主题服务、送书上门服务、交流宣传活动。

---

① 广州少年儿童图书馆."书香启童智　春风暖童心"——广州少年儿童图书馆文化春风行活动启动[EB/OL]. (2018-03-12)[2020-02-12]. http://www.lsc.org.cn/contents/1132/11560.html.

7.2.2.1 主题服务

广州越秀区培智学校与广州少年儿童图书馆达成合作意向，共同开展"我是小小读书虫"智障儿童图书馆服务[①]。广州越秀区培智学校提供目标服务学生，也提供专业教师指导意见。图书馆提供馆藏资源，阅读场地，和专业馆员组织阅读活动。下面介绍活动的筹划阶段、实施阶段、评估总结阶段的情况。

筹划阶段。越秀区培智学校的老师和广州少年儿童图书馆馆员共同研讨服务方案。培智学校老师指出，让智障儿童到图书馆参加活动，主要是希望他们能走出家门、走出特殊学校，慢慢接触社会的环境。首先，确定目标服务儿童为培智学校六七年级的学生，智商约在学前阶段（0~6岁）。然后，确定图书馆提供服务的形式为参观图书馆和阅读辅导活动。再次，培智学校老师对阅读材料提出指导意见，智障儿童喜欢看色彩鲜艳的图画书和视频，阅读辅导活动以提升他们阅读兴趣为目标。最后，基于以上特点，图书馆制定了相应的阅读服务计划。在馆藏方面，智障儿童在阅读兴趣上，与健全儿童学前阅读兴趣差别并不大，因此，智障儿童可以选用0~6岁学龄前儿童的阅读资料。馆员服务方面，馆员要更有耐心和爱心。活

---

① 张希. 关爱智障儿童阅读——广少图智障儿童主题阅读服务记录与分析 [J]. 山东图书馆学刊, 2012 (6)：52-53.

动设计上,由于这个活动的最主要的目的是让智障儿童接触社会,享受公共文化服务,智障儿童不能跟健全儿童一样以提高他们的阅读水平为主要任务,因此,活动设计以轻松愉快,提升阅读兴趣为宜。最终确定的服务方案是,选择立体图书、培养生活技能的绘本图书、卡通视频观赏为阅读课程内容。

实施阶段。组织智障儿童参观广州少年儿童图书馆。"我是小小读书虫"主题阅读服务的流程与普通儿童的读书会类似,老师讲绘本故事,然后进行提问互动交流;随后,进行主题阅读服务的延伸活动,延伸活动的形式包括制作书签或其他手工制作。

评估总结阶段。活动结束后,由培智学校老师进行服务效果评估分析。评估分析分两部分,一个是"活动效果评估表",一个是"活动评议表"。"活动效果评估表",内容包括"参与积极性""完成情况""沟通技巧掌握情况""综合能力提高程度"等,针对智障儿童的衡量标准,给予优、良、中、差的评定。"活动评议表"则是培智老师根据图书馆提供的服务,活动的开展与组织情况给予评价和意见。

"我是小小读书虫"智障儿童图书馆服务,最大的特点是,它不是图书馆送服务到校园,而是特殊学校儿童走出来,到公共文化服务单位与社会接触,融入社会。

7.2.2.2 送书上门服务

送书上门服务一共有三种形式,送书到校园、志愿者服务、邮寄服务。

送书到校园。广州少年儿童图书馆同时在十几个区图书馆和启智学校、培智学校、聋人学校和康复学校之间设定流通点，实行通借通还服务，让残障儿童们用最方便的方式借书还书。

志愿者服务。2008年至今，广州少年儿童图书馆与志愿者组织和各区图书馆联动，由志愿者上门为残障儿童借书还书。

邮寄服务。广州少年儿童图书馆为视障读者免费提供图书邮寄服务，让他们足不出户便能获得所需图书。[①]

7.2.2.3 交流宣传活动

交流宣传活动包括，承办大型活动、举办讲座、展览活动。

大型活动。2015年6月，广州少年儿童图书馆与广州机关党员志愿服务总队联合举办"携爱同行点燃梦想——天使在少图"活动，38个残疾儿童家庭（包括脑瘫、自闭症、智障儿童和父母一方是残疾人的健全儿童）参加了此次活动。活动提供了"小云雀姐姐讲故事"、亲子书签制作互动等服务。机关党员志愿者和特殊孩子家庭"一对

---

① 陈阳. 广州少年儿童图书馆残疾青少年儿童"爱童馆"正式投入使用[EB/OL]. (2015-10-08)[2020-02-12]. http://www.gzdpf.org.cn/Article/news1/14393.html.

一"结对，提供阅读指导服务。① 2019 年，广州机关党员志愿服务总队、广州市残疾人联合会、广州少年儿童图书馆共同举办了"大手拉小手文化助残融合共享"活动。这是由普通的孩子和广州康复实验学校的脑瘫儿童和听障儿童共同合作的舞台表演活动。②

展览活动。2015 年，广州少年儿童图书馆携手市残联在图书馆举办"心灵性慧　梦想绽放——广州市特殊群体作品展"。展出绘画、集邮、摄影等作品 120 余件，展现了残疾少年儿童积极向上的人生风采。

讲座活动。为了让社会大众了解和关注特殊群体，2017 年 9 月，"羊城少年学堂"在广州少年儿童图书馆举办以特殊孩子为主题的讲座。讲座的主题为："父母如何看待残障孩子""世界因我更精彩"等。

7.2.3　合作网络

合作网络主要有：上级领导单位、残疾人联合会、特殊教育学校、志愿者团体、兄弟图书馆单位及总分馆体制下的各个分馆（流动图书馆、分馆）等。承办各项大型综

---

① 广州市残联团委. 市残联党员志愿者助力"携爱同行、点燃梦想——天使在少图"活动[EB/OL]. (2015-06-16)[2020-02-12]. http://www.gzdpf.org.cn/dj/e/201506/13624.html.

② 杨欣，苏赞. 排练一个月成就一场精彩演出，这群特殊儿童太棒![EB/OL]. (2019-12-05)[2023-12-26]. https://ml.mbd.baidu.com/r/1ciYR4KBH3y?f=cp&u=debd5f6994884876. 广州日报，2019-12-05.

合性重点儿童服务活动是在上级领导单位指导下承办的。筹办活动时，图书馆与残疾人联合会接洽，残疾人联合会也是在上级领导单位指导下与图书馆合作。举办重点儿童服务活动，需要与特殊教育学校、志愿者团体、兄弟单位、总分馆体制下各个分馆合作。合作网络如图7-1所示。

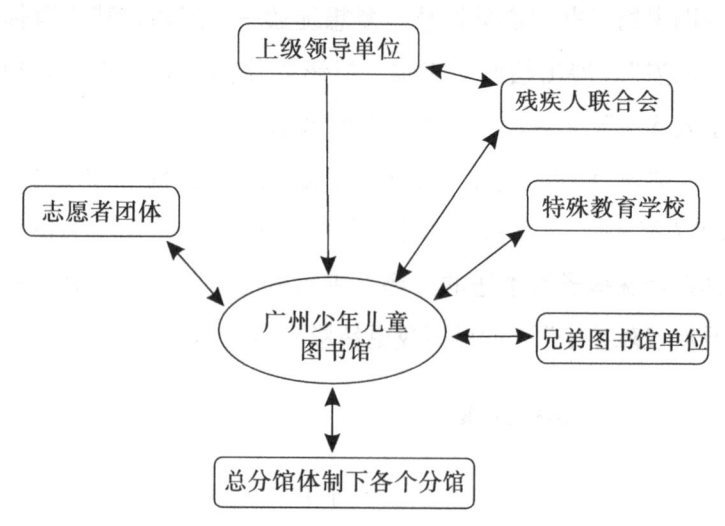

图7-1 广州少年儿童图书馆爱童馆服务合作网络图

7.3 案例特色

广州少年儿童图书馆爱童馆服务的案例特色是，综合全馆资源，为各类残障儿童读者服务。从场馆布置、馆藏资源建设、服务、宣传交流合作方面建设都相对成熟，有一定的规划和建设。综合性服务的好处还在于很多资源配置能够更高效合理，很多馆藏资源能适用于各类型残障儿童，那么就合理调用即可，不必重复采购。有的设施也是适用于各类型残障儿童，只要合理适用，那么也不必要重复建设场馆。爱童馆服务的综合性体现如下。

场馆布置方面，广州少年儿童图书馆，利用进驻新馆的机会，把场馆合理改造，在场馆布局上，更符合残障儿童的需求，可提供更好的服务给读者。

服务方面，举办了主题阅读活动，探索特殊群体读者的服务模式。有关特殊学校与公共图书馆的合作，与健全儿童的馆校合作，还是有比较大的不同的。一般来说，公共图书馆为了争取普通学校的学生，会采取送服务进校园，让他们知道有公共图书馆服务，让他们主动到图书馆来。而智障儿童的服务，则是更多地希望他们主动到图书馆，多接触公共社会，锻炼社交技能，融入社会。完善送书上门服务。送书上门有三种形式，一是免费邮寄上门；二是图书馆在学校设立流通点，定时把图书送到学校；三是灵活运用志愿者力量，图书馆与广州市十几个区图书馆合作，发动广大志愿者到残障儿童家里，帮助残障儿童借书还书。

宣传交流方面，通过"助残服务周"等活动，更好地对外宣传图书馆，并与社会各界进行交流。

合作网络方面，密切与残联、学校、志愿者团体合作。也利用了总分馆体制下的分馆进行服务，这是发挥了公共文化服务体制下，公共图书馆的服务功能。

案例的不足之处在于，对于特殊儿童群体的分类服务还有待增强。从案例看，爱童馆的主题服务为智障儿童的图书馆服务，而其他残障类型的服务，也流于一般性的图书借还、举办展览、举办交流活动。还没有深入调查各类残障儿童的深层特质，也没有就其特有的特点开展多元化的服务。

8 "广州公益阅读"贫困重症患儿及残障儿童服务

本章是"广州公益阅读"贫困重症患儿及残障儿童服务案例的调查情况和分析。内容包括：案例背景、案例概况、案例特色。

8.1 案例背景

2016年政府工作报告再次倡导全民阅读，全民阅读越来越受到关注。民众自发组织的阅读活动越来越多，开始时一般为阅读兴趣小组，后来逐渐发展为以阅读为主题的非营利性团体。这些团体开展各种形式的阅读活动，举办场地可分布在市内的各个社区。这种非营利性阅读团体在举办阅读活动方面很灵活，生命力非常强，具有区域大馆举办阅读会所不具有的优势。这种非营利性阅读团体从事特殊儿童阅读服务，更是能达到精准服务的效果。

由于非营利性阅读团体越来越多，广州图书馆注意到这些民间阅读服务团体可以用合作的形式,纳入到广州图书馆的服务体系中。2017年,广州图书馆启动"广州阅读联盟"建设。广州阅读联盟,是由广州图书馆首倡,广州市内各种类型阅读组织自发参与,以推动全民阅读为宗旨的阅读联合组织。2019年3月,"广州阅读联盟"更名为"广州公益阅读"。[①]

"广州公益阅读"以联盟章程为指引,采取协同合作、资源共享的方式,联合社会力量,推动全民阅读从政策导向落实为行动指南和具体活动,通过开展阅读活动,推广科学的阅读方法,提升公民的阅读能力,培养他们的阅读习惯,营造全民阅读的社会风气,让阅读成为生活的一部分。"广州公益阅读"的加入条件为具有一年以上活动组织经验的阅读组织,组织者可为机关单位、社会团体、公益组织及个体等。[②]

8.2 案例概况

"广州公益阅读"中,有三个团体是面向残障及重症儿童读者的,分别是针对残障人士的广州爱心读书团"你

[①] 广州图书馆. 广州阅读联盟更名"广州公益阅读"暨"2019年广州公益阅读创投项目"征集公告[EB/OL]. (2019-03-15) [2020-02-12]. http://www.gzlib.gov.cn/bunotice/169029.jhtml.

[②] 广州图书馆. 广州阅读联盟招募阅读组织公告[EB/OL]. (2017-04-22) [2020-02-12]. http://www.gzlib.gov.cn/bunotice/147302.jhtml.

是我的眼"助盲读书分享会、针对贫困重症患儿的"穗星医院学校计划"和"807读书会"自闭症儿童的"伴读计划"。①以下将从管理、服务、合作网络三方面介绍"广州公益阅读"的情况。

8.2.1 管理

加盟"广州公益阅读"的团队需遵守相关管理规则，规则包括"加入平台的方式""举办活动要求""可进可退的机制""运行框架"，具体内容如下。

8.2.1.1 加入平台的方式

"广州公益阅读"平台遵循自愿参与、协作运营的原则，向全市阅读组织征集公益阅读创投项目，由项目负责人提交申请表，经过"广州公益阅读"共建方审核后签订项目合作协议，有效期自签约日起至当年12月31日。

审核通过后，入选"广州公益阅读创投项目"将由"广州公益阅读"平台的共建方（即广州图书馆和广州新华出版发行集团）提供一部分活动资助经费。入选"广州公益阅读创投项目"皆可获得由广州图书馆和广州新华出

---

① 陈惠婷. 广州图书馆牵头成立广州阅读联盟[EB/OL]. (2017-07-11)[2020-02-12]. http://www.sohu.com/a/156266855_115239.

版发行集团提供的活动场地支持。① 活动用书可自备，也享受广州图书馆的借阅或图书荐购等服务。

8.2.1.2 举办活动要求

"广州公益阅读"平台对加盟的读书团队举办活动有数量、内容等要求，要求如下。

数量要求。协议期内，一般项目需举办不少于10场公益阅读活动；所有项目的活动参与每场人数需在10人以上。

活动内容和标识要求。作为项目实施内容的活动，其主题及嘉宾等策划内容需提前向"广州公益阅读"报备，同时在宣传中须使用"广州公益阅读"名称及标志（logo），并将广州图书馆、广州新华出版发行集团列为活动主办、协办或支持单位。

提交活动资料的要求。每一次活动结束后需在5个工作日内提交活动照片（或视频）和活动报道等资料。

监督考核要求。各项目需接受"广州公益阅读"共建方的监督与指导，年底举行考核，考核优秀，将在次年再申请项目时给予优先考虑。

---

① 大洋网. 广州图书馆成全民阅读主阵地，读书月活动深受市民热捧[EB/OL]. (2018-04-26)[2020-02-12]. http://www.gzlib.gov.cn/mediareport2018/160360.jhtml.

8.2.1.3 "可进可退"的机制和项目运行框架

"可进可退"的机制。各项目实施者因自身原因可提交终止项目合作的书面申请，经审核同意终止合作之后，项目实施者不得再以"广州公益阅读"的名义开展活动。

"广州公益阅读"项目运行框架。"广州公益阅读"是由广州图书馆牵头成立的阅读平台，平台所掌握的资源越丰富，越能聚合更多的社会资源、吸引更多社会力量，促进公共文化服务的合作与发展。平台使用了以图书馆进行管理监督，一对多的管理模式。项目运行的框架如图 8-1 所示。

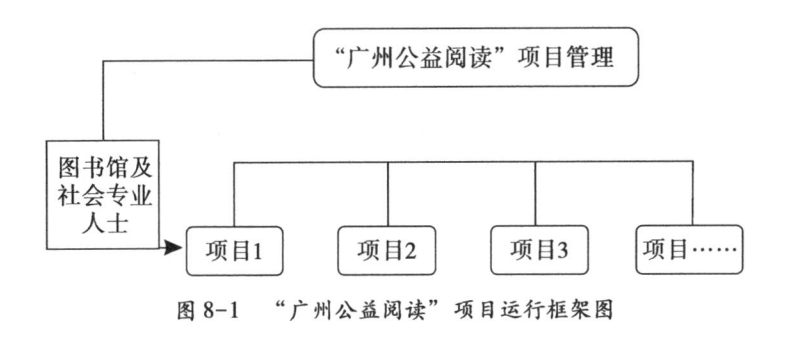

图 8-1 "广州公益阅读"项目运行框架图

8.2.2 人员培训

"广州公益阅读"也对加盟团体进行人员培训，一方面是提升"广州公益阅读"加盟的读书会的图书馆专业服务技能；另一方面是加强这些加盟读书会的思想政治觉悟，确保他们坚持四项基本原则，弘扬社会主义核心价值观。2019年起至今,广州公益阅读举办了两场培训活动。

第一场"阅读推广人培训"活动,17个2019年广州公益阅读创投项目的负责人及成员、5名广州图书馆外派业务馆长以及广州图书馆、广州新华出版发行集团工作人员总共30人在广州纪录片研究展示中心参加了此次培训。活动介绍了如何策划好一场阅读推广活动并对其进行造势宣传。首先,降低期望,对准目标读者进行有针对性的活动,人不是越多越好;其次,要选择和读书的氛围相符合的场地,不能以派对的思维来办活动;再次,活动期间主持人和主讲嘉宾很重要,必须到场;最后,用新闻思维对活动进行推广报道,寻找"举重若轻"的新闻点,不必盲目跟潮流。①

第二场"阅读推广人培训"活动,讲座从政府层面讲述了"推动全民阅读　建设书香岭南"的举措和建议,并为在座的阅读推广人提出了阅读推广层面需要把握的问题和原则。原则包括:第一,要坚持弘扬社会主义核心价值观、传承中华民族优秀传统、传播社会正能量的全民阅读推广主旨。第二,阅读推广服务要体现"公益优先"。第三,阅读推广要体现人文关怀,兼顾好弱势群体的实际阅

---

① 广州公益阅读. 学习时间广州公益阅读开始阅读推广人培训啦![EB/OL]. (2019-12-03)[2020-02-12]. https://mp.weixin.qq.com/广州公益阅读.

读需求。第四，阅读推广选题要聚焦时代主题。①

8.2.3 服务

穗星医院学校计划、"你是我的眼"助盲读书分享会、自闭症儿童的"伴读计划"这三个社会团体提供特殊儿童群体服务。

8.2.3.1 穗星医院学校计划

"穗星医院学校计划"是"希望·贫困重症患儿家庭医务社工服务项目"的子项目。这个"穗星医院学校计划"通过"医务社工+志愿者"的运作模式，旨在为项目服务病区内所有的贫困重症患儿，用阅读的方式帮助他们重拾生活勇气，接受治疗。提供一对一陪伴阅读服务，弥补重症患儿住院期间文化服务的空白，缓解患儿因疾病及治疗带来的消极情绪。② 下面将从实施和成效两方面详细介绍"穗星医院学校计划"。

8.2.3.1.1 "穗星医院学校计划"活动流程

活动流程：先进行活动前培训，包括志愿者培训和图

---

① 广州公益阅读. 学习时间 | 如何专业、规范地举办阅读推广活动？[EB/OL]. (2019-12-25) [2020-02-12]. https://mp.weixin.qq.com/广州公益阅读.

② 南方网. 广州阅读联盟正式成立 还有各类读书会等你来哦 [EB/OL]. (2017-07-11) [2020-02-12]. http://news.dayoo.com/guangzhou/201707/11/139995_51486368_0.htm.

书选择两项内容；之后开始伴读活动，包括消毒准备工作、阅读图书和延伸活动三项内容。

活动的地点是医院，如珠江医院的儿童病房。服务的孩子是0～14岁贫困重症患儿。这些孩子要在病床上度过日复一日的漫长治疗期，反复、痛苦的治疗过程消耗着孩子们的耐性。

活动前培训。首先，在已经报名的志愿者中选择15人。这15人中必须包括1名以上的医务社工，医务社工起到带队作用，主要负责全程的监督指导。对志愿者的培训，主要是介绍怎样对重症患儿进行讲故事和游戏活动、选择什么样的图书、在和患儿的阅读和游戏过程的注意事项等。然后，让志愿者挑选合适的读物。挑选的标准为，内容积极向上，图书色彩丰富，内容简单易懂，符合儿童心理特点，提升儿童阅读兴趣等，一般选择图画书、漫画书等。

伴读活动[①]。对参加活动的志愿者再一次告知活动注意事项，派发口罩和进行手部消毒工作，然后把他们引到小朋友的病床前。之后进行一对一的陪伴阅读，即一个志愿者服务一个患儿。志愿者向患儿耐心讲解图书，回答患儿提出的问题，照顾患儿的情感。图书阅读完毕，进行延伸活动。延伸活动包括，手工活动、游戏唱歌等。

---

① 广州图书馆. 广州阅读联盟11月下半月活动预告[EB/OL]. (2017-11-14)[2020-02-12]. http://action.gzlib.gov.cn/action/web/integral.do?actionCmd=viewSP&id=18646.

8.2.3.1.2 "穗星医院学校计划"成效

自加入广州阅读联盟以来,"穗星医院学校计划"已经在珠江医院的儿科开展了27场针对贫困重症儿童的公益阅读活动,共有约100名来自全国各地的病患儿童参与,在志愿者们的耐心陪伴下,经历过化疗、打针等伤痛的孩子们在阅读中获得了快乐和满足。[①]

由于"穗星医院学校计划"影响力越来越大,越来越多的社会爱心人士主动联系积极参与该计划,志愿者来自各行各业,有学生,有工厂职工,还有很多企业员工。医护人员是与患儿接触最密切的群体之一,他们对患儿们的病情和生活状况了如指掌,但是在面对孩子精神需求时,往往是心有余而力不足,社会力量的介入很好地弥补了这个不足。在公共图书馆的支持指导下,"穗星医院学校计划"能为贫困重症儿童提供更好的服务。

8.2.3.2 "你是我的眼"助盲读书分享会

广州爱心读书团"你是我的眼"助盲读书分享会,成立于2012年。广州爱心读书团一直与广州图书馆合作,为本地盲人和盲校学生提供服务。具体服务情况如下。

广州爱心读书团由团队负责人联系各大高校学生会,通过高校学生会征集志愿者。再由团队负责人成立小组,

[①] 广州公益阅读. 公益行动 | 用阅读来抚慰——病房里的小奇迹 [EB/OL]. (2018-10-12) [2020-02-12]. https://mp.weixin.qq.com/ 广州公益阅读.

带队走进盲校、去广州图书馆视障人士服务区等地,进行读书服务。

服务细节方面,一对一与视障人士进行平等的阅读。对于视障人士而言,给他们"读"书,最重要的不在书的内容,而是这一过程中的交流与沟通。不仅是志愿者读书给视障人士听,视障人士也会读给志愿者听。广州爱心读书团"你是我的眼"团队负责人黎泳恩说:"在广图的视障人士服务区,他们有时候会一边摸着盲文,一个点一个点、凹凹凸凸的,用声音读出来,每到那时候都觉得好感动,我们实际上就是在平等阅读。"①

8.2.3.3 自闭症儿童的"伴读计划"

"807读书会"是广州市越秀区捌零柒社会服务中心成立的公益读书会,它发起的"伴读计划——残障人士无障碍阅读服务推广项目"是广州公益阅读·807读书会的重点项目,主要针对广州地区视力障碍人士、肢体障碍人士、自闭症群体等的五类残障群体,进行陪伴阅读服务。项目发起人希望通过鼓励青年、少年、儿童志愿者与残障人士共同阅读,满足残障人士的基础阅读需求,给予他们

---

① 新快报. 这才是广州新型读书会的打开方式[N]. 新快报,2017-07-12(A03).

所需的陪伴，同时也让更多普通人了解残障人士的精神世界。①

2019年5月11日，面向自闭症儿童的"伴读计划——与'星星的孩子'共读时光"活动在广州图书馆举行。人员组织方面，本次活动的主持人简步青是国家二级心理咨询师与家庭教育指导师，广州市少年宫特约亲子教育专家讲师，具有二十多年的从教经验。志愿者安排上，本次活动采用"1+1+2"的创新模式，即"一个星星的孩子+一个普通孩子志愿者+两个成人志愿者"的模式。在原来活动仅有成人志愿者的基础上，加上同龄孩子与"星星的孩子"的互动，帮助"星星的孩子"更好地融入社会生活，增加与外界的交流，不断健康成长。参与活动的成人和儿童志愿者通过陪伴阅读的形式了解、接触并陪伴这群"星星的孩子"。活动流程是预热活动—阅读活动—延伸游戏。

预热活动，由与孩子打招呼和"破冰游戏"组成。开始，老师先喊出孩子及志愿者的名字。让被叫到名字的孩子主动走出来与老师击掌，然后主动寻找与自己配对的志愿者。这样的互动环节既活跃了气氛，又缩短了孩子们与志愿者的距离。然后，举行了"破冰游戏"。当孩子们与

---

① 广州公益阅读. 活动回顾丨"星星孩子"的爱藏在心里[EB/OL]. (2019-05-17) [2020-02-12]. https://mp.weixin.qq.com/广州公益阅读.

志愿者一一配对后，老师让每个小组在卡纸上写上队名，有的组名是孩子们喜欢的事物名称，有的则包含了各自的名字。这个环节进一步消除了孩子们与志愿者的陌生感，同时锻炼了孩子的表达能力与语言组织能力。

阅读活动中阅读的绘本为色彩缤纷的童话故事。阅读完毕，与孩子们进行了互动交流。

延伸游戏方面，孩子们参与了由绘本故事延伸出来小游戏，本次活动延伸游戏为"画心游戏"。活动结束时，进行拍照留念。

活动结束后，志愿者和老师还进行了经验分享与交流。交流的结论是：第一，面对不同的自闭症儿童，应该要先理解后引导。第二，自闭症儿童可能无法通过语言流利地表达自己的想法，但能通过另一种方式告诉大家他们的内心感受，而这需要大家更加细心地去观察与发现。第三，面对自闭症儿童，大人可能会因顾虑与太多期望而用了错误的方式去对待与相处；同龄孩子或许能在相互交往中更为积极地引导自闭症孩子与外界进行接触，而孩子与孩子进行交往也能促进双方的积极进步。第四，要不断探索新的方式，继续深入了解、积极引导自闭症儿童，同时也要不断丰富自身的相关知识储备，以正确的行为方式去帮助孩子，让他们感受到爱与温暖。

此外，"807读书会"还举办了面向智障人士的摄影展活动。在2019年2月22日—3月5日举办了"我们眼中的世界"———一场乡村儿童和心智障碍人士的摄影展。基于平等创作、共享摄影乐趣的原则,"807读书会"希望通过影像阅读的方式,一方面为偏远乡村儿童和心智障碍人士提供表达自我的机会,另一方面也希望大家帮助他们更好融入社会,营造一个更加友善、平等、包容的世界。本次展览共展出46幅摄影作品,摄影者是两个容易被忽视的群体——偏远乡村儿童和心智障碍人士。他们眼中充满美好,生活充满故事,内心充满爱意,通过摄影作品向公众展示自己的小世界。[①]

8.2.4 合作网络

以广州图书馆统一管理下的"广州公益阅读"服务平台,平台内各个读书会机构均需遵守图书馆制定的相关制度,并在此制度下运行。举办的活动需接受广州图书馆给予的专业指导。合作网络涉及上级领导单位、党政机关爱心团体、企业读书团体、民间读书团体、个人志愿者等。"广州公益阅读"平台的特殊儿童群体读者是爱心读书团体自行联系的,合作网络如图8-2所示:

---

① 广州公益阅读. 联盟展览 | "我们眼中的世界"——一场乡村儿童和心智障碍人士的摄影展[EB/OL]. (2019-02-22) [2020-02-12]. https://mp.weixin.qq.com/广州公益阅读.

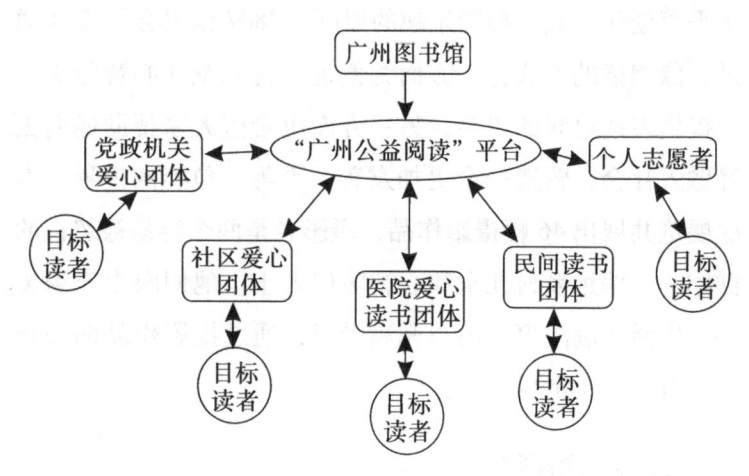

图 8-2 "广州公益阅读"合作网络图

8.3 案例特色

"广州公益阅读"贫困重症患儿及残障儿童服务的案例特色为：广州图书馆组织下的社会力量参与公共图书馆建设。

"广州公益阅读"是社会力量参与图书馆建设的一种方式，通过用"广州公益阅读"这样一个机构，制定了相关的管理细则，图书馆负责提供相关活动指导、场地、馆藏支持等，促进了民间阅读组织的专业化，同时也解决了图书馆人力资源不足的问题。且在图书馆总分馆体制下，区域图书馆只有一个总馆，总馆的作用一般只能定向作用于分馆向民众提供服务的层面。而采取"广州公益阅读"的方式，则灵活了很多，这种读书会场地不限，生命力极强，它们的活动推广能力也很强。只要在合理的指导下，民间读书会是公共图书馆阅读推广的好帮手。

"广州公益阅读"平台组织的民间读书会力量，还拥有很多公共图书馆暂时还不具有的优势。

第一，民间读书会更贴近人民群众的生活，能更快地把握民众的阅读兴趣。人们因为有共同的阅读兴趣，如有的群体专注于《红楼梦》研究而成立读书会，他们渐渐地成为朋友，私下都有联系，读书会更容易把握读者的阅读需求。

第二，民间读书会举办活动快速高效。由于"广州公益阅读"要求读书会举办不少于10人，那么就是十几个参与者就能办一场小型活动。小型活动对场地要求不高，核心人员的召集也相对容易，因此，民间读书会举办活动相对公共图书馆效率高。

第三，读书会的交流更深入。民间读书会的参与者只有十几人，读者之间、读者与支持人之间的交流机会就多了很多，能够更深入地对问题进行探讨。

第四，民间读书会更容易发现目标读者，更容易提供精准服务。我们从"广州公益阅读"平台的几个案例可以看出，他们的目标读者群都是自己发掘的，例如：穗星医院学校计划，目标读者是医院的患儿；"你是我的眼"计划，是爱心读书团自己联系盲校儿童上门提供读书服务；自闭症儿童"伴读计划"是广州市越秀区捌零柒社会服务中心动用社区的力量，找到目标读者进行服务的。

第五，民间读书会组织的活动相对个性化、精细化。如上面提到的三个案例，几乎都能提供一对一的陪伴阅读服务。相比较而言，公共图书馆由于专业图书馆员较少，目前根本办不到一对一服务。

"广州公益阅读"的不足有四点：合作机制尚待完善、需要加大人才培养、尚待加强监管、增加资金支持。建议如下：

第一，加强合作机制建设。要明确双方的权利与义务，发挥各自的长处。在实践的基础上，发现目前合作机制的不足，及时完善机制。

第二，注重阅读团体志愿者专业能力培育。注重培养阅读团体志愿者的图书馆学专业能力，开展图书馆阅读推广人专业培训课程，并实行认证制度。每月定期组织阅读推广人经验交流活动，提供各种与阅读推广有关的参考资料。

第三，加强监督监管。由于加盟的读书团体有相当大的自由度，可以自行组织活动，而且活动地点也可以在图书馆以外的地方，那么举办活动就可能存在一定的安保方面的隐患。并且，读书会中的一些思想意识形态方面，也需要加强防范，需要及时给予指导。因此，加强监管是必不可少的工作。

第四，增加资金支持。对于一些特殊群体的读书会，他们的经费是相对困难的，应给予这些团体更多的资金支持。

9　结语

紧紧围绕"坚定文化自信,推动社会主义文化繁荣兴盛"和"全面建成小康社会,残疾人一个也不能少"的宏伟目标,弘扬人道主义精神,传递人文关怀,从文化助残角度反映残疾人对平等、共享、共融美好生活的向往。残障人士尤其残障儿童是几乎所有读者群体中,最需要获得良好教育和良好的公共文化服务,并且借由参与公共文化活动,让自己有机会融入社会的同时也让公众有机会接纳他们的群体。新时代倡导"健残共融、平等尊重、共享身心健康"的理念,图书馆为特殊群体提供均等化的公共文化服务正是践行了这一理念。

在 2019 年 11 月举行的"公共文化建设现场——广东公共文化研讨会"上,广东省立中山图书馆原馆长刘洪辉说:"图书馆特殊群体服务,是图书馆众多服务中与社会各个部门及社会机构联系最多的一种服务。"特殊群体服务不仅与政府主办的残联密切联系,还与社会爱心组织密切联系,同时,还开展了图书馆服务进校园等活动,帮助特殊群体更好地走进社会。这很大程度上体现了图书馆提供公共文化服务的职能。

9.1 案例比较分析

近年来,在第四次、第五次、第六次全国公共图书馆评估定级工作的促进下,广东省图书馆对特殊群体(尤其是视障人群)的工作做得较好,按要求配备相应的空间及硬件设施,采选盲文图书资料,也开展了相应的图书馆服务。但是,由于人力资源、资金等限制,其他类型的残障人群的图书馆服务相对较少。可喜的是,广东经济较好的市级图书馆相继开展了除视障服务外的其他残障群体的图书馆服务,而且这些残障服务,大部分都是将特殊儿童群体服务作为突破口的,如,自闭症儿童、阅读困难症儿童、智力残障儿童等。因为儿童群体属于比较容易组织的一群人,可以通过联系学校等建立关联,还能获得教师及家长的支持。下面是典型案例的横向对比分析和模式总结。

9.1.1 横向对比分析

五个典型案例,在馆藏、设施、人员与管理、服务、合作网络方面的情况简要地列了出来。可以看出,独立建制的图书馆,在这五个方面都做得比较好。第五个案例是公益服务平台组织爱心志愿者团队进行阅读推广活动,爱心志愿者团队借助图书馆提供的资源和帮助，也能做好阅读推广服务。如表9-1所示。

表9-1 典型案例服务对比表

典型案例\项目	馆藏与设施	人员与管理	服务	合作网络
广东省立中山图书馆视障儿童服务	1. 按评估要求采购相应文献资料 2. 馆舍设施符合评估要求	1. 按评估要求配备工作人员 2. 提供岗前培训	1. 基础服务 2. 品牌服务 3. 多元化活动 4. 送书、送服务上门	省文化广电旅游局、广东省残疾人联合会、志愿者、特殊学校
东莞少年儿童图书馆阅读障碍症儿童服务	1. 图书馆经研究调查，推出了适用于阅读障碍症儿童阅读的参考书目 2. 馆舍设施符合评估要求	1. 按评估要求配备工作人员 2. 提供岗前培训	1. 基础服务 2. 专项活动服务	高校、地区教育机构、中小学、志愿者、科研机构、公共图书馆
深圳南山图书馆自闭症儿童服务	1. 自闭症儿童阅读的图书与健康儿童无异，图书馆按评估要求采购儿童图书 2. 馆舍设施符合评估要求	1. 按评估要求配备工作人员 2. 提供岗前培训	1. 基础服务 2. 专项活动服务	志愿者团体、学校
广州少年儿童图书馆爱童馆服务	1. 图书馆按评估要求采购各类图书 2. 馆舍设施符合评估要求	1. 按评估要求配备工作人员 2. 提供岗前培训	1. 基础服务 2. 专项活动服务 3. 展览交流服务 4. 送书上门、送服务到校园	残疾人联合会、学校、志愿者团队、广州市文化广电旅游局

续表

典型案例	项目 馆藏与设施	人员与管理	服务	合作网络
"广州公益阅读"贫困重症患儿及残障儿童服务	1. 爱心读书志愿者团队自备图书,或者接受图书馆提供的书目 2. 爱心读书志愿者团队自行选择活动场地,或者采用图书馆提供的场地设施	1. 按照"广州公益阅读"管理条文规定,安排工作人员 2. "广州公益阅读"安排适当的培训	专项活动服务	志愿者团队

五个典型案例的服务特色和不足之处,如表9-2、表9-3所示。

表9-2 典型案例服务特色对比表

典型案例	服务特色
广州图书馆视障儿童服务	服务形式多样化,密切与社会各界合作,创新服务模式。举办大型活动,与各级单位和社会力量密切联系合作,善于利用网络信息技术进行活动宣传工作和读者服务工作
东莞少年儿童图书馆阅读障碍症儿童服务	高校科研力量参与公共图书馆建设,打造专业服务
深圳南山图书馆自闭症儿童服务	发挥地区图书馆的积极性,与当地义工联和康复机构合作,探索特殊儿童群体的服务模式
广州少年儿童图书馆爱童馆服务	综合全馆资源,为各类残障儿童读者服务
"广州公益阅读"贫困重症患儿及残障儿童服务	广州图书馆组织下的社会力量参与公共图书馆建设

表9-3 典型案例不足分析

典型案例	不足分析
广东省立中山图书馆视障儿童服务	"听·爱"读书会只限于周四送服务到校园，只限于朗诵故事。建议把无障碍电影项目也送服务到校园，并且送服务的范围扩展到社区，鼓励视障儿童走出学校融入社会
东莞少年儿童图书馆阅读障碍症儿童服务	高校力量参与建设的项目，当高校课题结束后，对阅读障碍症儿童服务是否能持续办下去，尚待时间检测
深圳南山图书馆自闭症儿童服务	目前的项目合作单位，主要依靠康复机构和义工联合会。康复机构提供目标读者，合作网络建设有待加强，建议把合作网络拓展至学校、社区等
广州少年儿童图书馆爱童馆服务	综合性服务，多以大型主题活动、参观活动为主，对残障类型的专项服务，目前只有智障儿童服务
"广州公益阅读"贫困重症患儿及残障儿童服务	合作机制尚待完善、需要加大人才培养、尚待加强监管、增加资金支持

9.1.1.1 视障儿童服务

视障人群的服务，大型活动为成年和未成年视障人群皆可参加，部分活动如送服务进校园活动是专门为未成年视障读者开展的。在阅读推广、活动宣传方面进步很大。且由于现在广东地区都在积极完善公共图书馆体制建设，公共图书馆可用总分馆建设中的分馆对残障人士进行服务，也推进了送书上门服务。

阅读推广活动方式相对以前来说，进步了很多，增加了多种推广方式，如无障碍电影等以往没有的推广方式。无障碍电影活动，可以视作多元化的阅读推广会，每场无障碍电影宣传海报及官网、公众号发布的信息都会附上无障碍电影相关的图书馆馆藏资源，包括馆藏试听资源及盲文资料等。这种馆藏资源的推广，通过一次又一次的积累，假以时日则能形成一份独特的馆藏资源推荐清单。

发布信息及与读者交流方面，由于现在通信技术的发展，在宣传推广方面，还利用了官网、微信公众号等方式发布活动信息。在与读者交流方面，则更多是依靠志愿者团体采纳读者意见并进行改进。最欣喜的情况是，以往读者到图书馆参加大型活动，都是需要有学校等单位专门组织；而现在举办大型活动，则有很多残障读者在获知信息后，自行参与。

完善体制建设方面，总分馆建设使图书馆服务能渗透到区县馆，这使得出行不便的视障人士能更便利地使用图书馆资源。由于物流技术的发展，又拓展了送书上门服务，更加便利了视障读者。

送服务进校园方面，与图书馆内儿童与青少年部合作，有针对性地改进服务，开展读书会活动，送书到校园活动等，更好地服务视障儿童读者群体。

志愿者服务是图书馆服务的有益补充，开展一对一或一对多读书服务，更个性化，效果显著。

9.1.1.2 三类特殊儿童群体服务

阅读障碍症儿童、自闭症儿童、智障儿童，这三类特殊群体服务，是专指度很高的群体，都在专业团体的指导下开展服务：阅读障碍症儿童服务是高校科研力量参与建设；自闭症儿童服务是在图书馆专业馆员的研究下与当地的学校及专业机构联系共同建设，其后这个项目还申请了中国图书馆学会的项目支持，并且给予了专业指导，另外自闭症儿童活动还纳入图书馆阅读推广体系，体现了图书馆平等服务的理念；智力障碍症儿童服务，也是图书馆专业馆员与特殊学校联系并共同建设的。这三类特殊群体服务都体现了专业性，符合图书馆未成年服务的"五因素"理论。都对读者需求进行了研究，联系了相关机构及志愿者支持，注重馆员的培训，开展了固定的阅读活动，设置了反馈交流机制等。

图书馆根据三类特殊儿童的特点，在具体的活动目标、设计和服务细节上，都有不同。在活动目标上，阅读障碍症服务主要是帮助儿童提高认字阅读能力；自闭症服务是帮助儿童提高社交沟通能力；智障儿童服务，主要是帮助儿童走出学校，接触社会、融入社会，也通过阅读活动提高阅读兴趣。在活动设计上，阅读障碍症服务设计为开专项训练班；自闭症儿童服务是开展故事会；智障儿童服务是参观图书馆、阅读活动。在服务细节方面，阅读障碍症服务需要与家长合作，亲子共读，家长起监督帮助作用；自闭症服务需要志愿者一对一服务，起到与自闭症儿童交流沟通帮扶作用；智障儿童服务需要与带队老师进行密切合作，关注儿童参与活动的情况，并适时进行活动优化和调整。

这三个图书馆对这些类型读者的服务都属于现行试验阶段。对于这些项目能否持续办下去，除了图书馆予以重视外，还需要借助合作单位共同合作，才能继续办下去。因此，很有必要在制度建设上，能够有法律法规予以保障，规定特殊学校能与图书馆建立长期合作关系，保障特殊儿童群体的阅读权益。

9.1.1.3 "广州公益阅读"的特殊儿童群体服务

"广州公益阅读"的特殊儿童群体服务，这是典型的社会力量参与公共图书馆特殊群体服务的情况。民间读书会不具备公共图书馆拥有的馆藏，也不具备公共图书馆的专业背景；但是民间读书会具有灵活性，更个性化，生命力更强，是公共图书馆服务的有益补充。民间阅读团体的阅读服务具有公共图书馆阅读服务不具备的优势，最大的优势是，他们可以提供精准化服务。如，"你是我的眼"爱心读书团，志愿者为盲童读书，然后，盲童又可以反过来念书给志愿者听，达到了平等交流的效果。自闭症儿童读书会，可以故事会由一个老师主持，安排两个成年志愿者和一个儿童志愿者共同服务一个自闭症儿童，形成"1+1+2"模式。重症患儿的伴读活动，安排志愿者和患者一对一服务。这些精准服务在目前图书馆人员有限的情况下，是无法办到的。

通过建立"广州公益阅读"平台，能更好地把这支民间力量纳入现代公共文化服务体系中，发挥志愿者力量。民间读书会加入"广州公益阅读"平台的读书会，图书馆能给予专业指导和馆藏及资金的支持，能使他们坚持公益性，帮助他们扩大影响力。同时，因为民间读书会活动的成功举办，产生了良好的社会声誉，"广州公益阅读"平台也能因此建立起良好的口碑。举办"广州公益阅读"平台是一个双赢的举措。

9.1.1.4 拓展合作网络，挖掘目标读者

特殊儿童读者，如果没有媒介，如特殊学校、康复机构等告知，他们可能并不知道图书馆可以为他们提供服务。公共图书馆要开展特殊儿童读者服务，一定要拓展合作网络，多与特殊教育学校、社区、康复机构联系，让他们接触图书馆。图书馆要努力做好读者服务工作，多办适合特殊儿童的活动，使特殊儿童意识到他们特别需要图书馆。

9.1.1.5 公共图书馆是特殊儿童群体接触社会的公共场所之一

现代社会提倡"健残融合"，让残障者走向社会，自强不息，拥有精彩人生。这个提法的理论支撑是在社会工

作专业领域中,对残障者的扶助理论"社会支持网络理论"[①]。社会支持网络理论,社会支持源自鲍尔拜(Bowlby)的依附理论,20世纪60年代社会支持网络开始用于精神病学的临床治疗。20世纪七八十年代,美国社会支持计划,让精神病患者回归社区生活,在社区环境而非精神病的环境下,精神病患者的疾病痊愈了。这个事实推进了社会支持网络理论的发展。

从自闭症儿童案例可以发现,自闭症儿童的特点是缺少社交能力,图书为他们提供的读书会活动,主要是为了让他们走出家门,接触社会,锻炼他们与人交往的能力。

从广州市少年儿童图书馆举办的智障儿童阅读辅导服务活动,也可以发现,图书馆的阅读活动除了可以提升他们的阅读技能外,更多的是让他们有机会走进公共场所,锻炼他们融入社会的能力。

特殊儿童相比正常儿童,活动范围很窄,一般是家庭、特殊学校。而有限的活动空间对他们的康复是不利的,也不能帮助他们回归社会。图书馆应为他们提供均等化服务,给他们一个接触社会的公共场所,帮助他们融入社会。

9.1.2 模式总结

从这些特殊儿童群体服务中,可以总结出公共文化服务

[①] 马洪路. 残障社会工作[M]. 高等教育出版社,2007:181-183.

中，"公共图书馆特殊儿童群体开展服务的模式"（图9-1）、"各个机构参与特殊儿童群体公共图书馆服务的模式"（图9-2）和"公共文化服务体制下特殊儿童群体服务模式"（图9-3）。

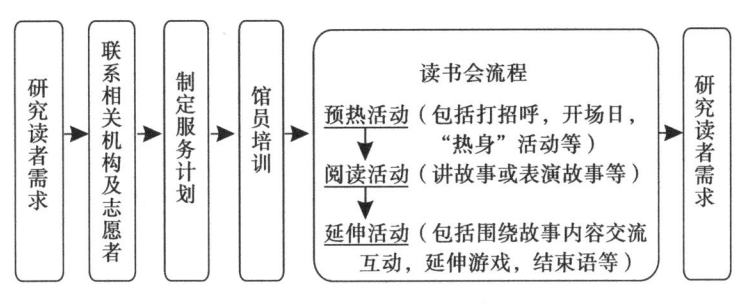

图 9-1 开展特殊儿童群体服务的流程

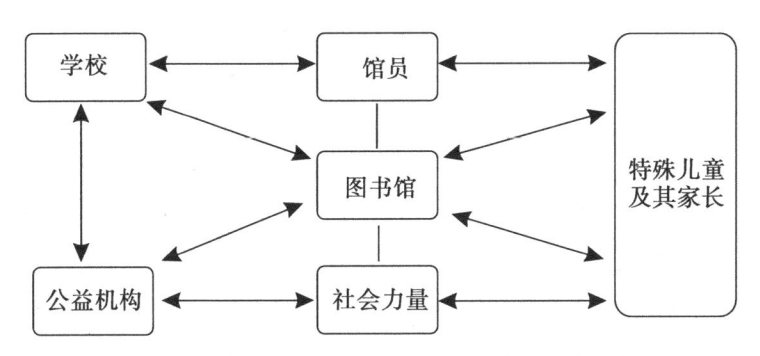

图 9-2 特殊儿童群体公共图书馆服务各要素关系

"开展特殊儿童群体服务的流程"为，第一步，先对目标人群进行读者需求调查，了解这类人群的特点，并制定初步服务方案。第二步，联系相关机构及志愿者，再进行第二轮的资料收集和方案讨论。第三步，确定服务计划。第四步，对馆员和志愿者进行培训。第五步，方案实

```
                    政府
         提供公共文化资源、服务
教育机构：    和活动场域场馆
中小学、高校              社会力量
      服务需求
              参与公共文化服务
           公共图书馆
   服务拓展           服务拓展
文化志愿服务、
公益项目              分馆、街道、园
              主要服务    区等服务需求点
              重点群体
```

```
图书馆服务 ──→ 网络在线服务（官网、微信公众号）
输出路径   ──→ 实体空间服务（服务场域活动）
```

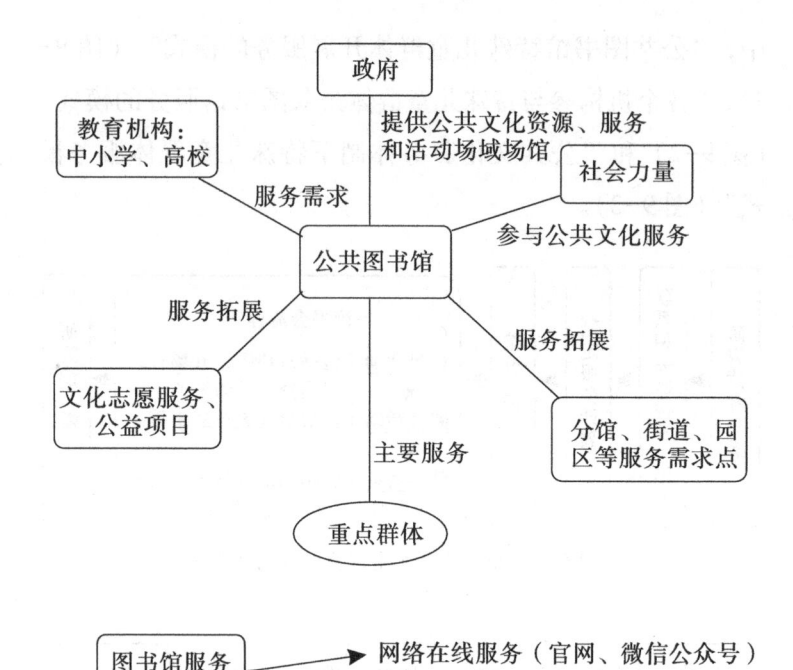

图 9-3 公共文化服务体制下特殊群体服务模式

施阶段。一般的活动形式为读书会，流程是：一是预热活动（包括打招呼，开场白，"热身"活动等），二是阅读活动（讲故事或者表演故事），三是延伸活动（包括围绕故事内容进行交流的活动，延伸游戏，结束语等）。第六步，总结，包括与读者的交流工作和与馆员、志愿者的交流总结工作。

"特殊儿童群体公共图书馆服务各要素关系"，是以公共图书馆为活动中心。学校和公共图书馆进行合作，图书馆送服务到学校，学校也可以送读者到图书馆享受阅读

服务。公益机构可以参与图书馆活动建设，公益机构包括残联、慈善组织等机构。社会力量参与图书馆服务，包括志愿者团体参与和社会培训机构（含专业的师资力量）参与。图书馆则主要通过馆员和志愿者向特殊群体及其家长提供图书馆服务。

"公共文化服务体制下特殊群体服务模式"，政府提供给图书馆文化资源、服务、场地等。社会力量以志愿者等多种形式参与公共文化服务。中小学和高校都有图书馆服务的需求，图书馆向其提供服务。公益项目和志愿团体以加盟"广州公益阅读"平台提供读书会服务，也是对图书馆服务的一种拓展。而公共图书馆体制建设，总分馆建设，拓展了公共图书馆的服务区域，把服务触角延伸到街道、园区等地方，满足了更多有需要的读者的需求。此外，图书馆服务的输出路径包括网络在线服务和实体空间服务两种路径。

9.2 优点分析

从五个案例来看，它们在设施与空间、馆藏建设、人员培训、服务、合作网络方面，都有相应的建设。亮点如下。

优点一：合作网络的建设

这五个案例，都用各自的方式构建了他们的合作网络。

广东省立中山图书馆视障儿童服务网络是通过密切与上级单位、相关团体和社会力量合作构建，与演出团体志愿者和特殊学校合作，打造的视障儿童服务品牌项目。广东省立中山图书馆在广东省文化和旅游厅的支持下举办了广东盲人朗诵大赛，并且长期与广东省残联、广东省盲人协会等机构保持良好的合作关系。通过与社会志愿团体的联系，也获得了具有专业特长的志愿者的支持。

东莞少年儿童图书馆阅读障碍症儿童服务，是由华南师范大学束漫老师的科研课题组参与指导和建设的，东莞少年儿童图书馆作为这个科研课题的实践基地。在高校科研力量的推动下，与各级教育机构、社区组织相互联系，相互合作，构建了合作网络。

深圳南山图书馆自闭症儿童服务案例是与当地康复中心、义工联合会、社会团体合作，有效利用了社会力量参与图书馆建设。

广州少年儿童图书馆一直重视特殊群体儿童服务工作，与各类特殊学校建立合作关系。与上级单位保持密切联系，积极承办大型活动。也与社会各界，如企业、志愿者团体等合作，合理利用社会力量为图书馆服务。

广州图书馆"广州公益阅读"服务网络是通过联合读者委员会与社会公益团队合作而建成的。广州图书馆读者委员会是通过网上发布启事，向社会各界征集有志于建设图书馆的能人，并进行选拔而成立的委员会①。读者委员会的成员都是有识之士，能为图书馆建设出谋划策。图书馆特殊服务的蓬勃发展正是得益于视障读者代表的支持。这是因为，视障读者代表本身是视障人士，他很了解视障人士的需求；同时，这位代表也具备一定的社会活动能力和见识。通过视障读者代表的努力和地区残疾人联合会的支持，开展了以往从来没有开展的各项活动，更好地服务特殊儿童读者。

优点二：多元化服务，现代技术的应用

广东省立图书馆视障儿童服务，采用了多元化服务，不同于以往只局限于图书借还，它还开展了"听·爱"故事会，无障碍电影等多元化服务方式，提高了读者的参与度。充分利用新技术如网络直播、微信公众号发布教育信息等为视障儿童服务。

优点三：馆舍设备建设

广州少年儿童图书馆借助迁馆的机会，打造专门为残障儿童服务的爱童馆，尤其在建筑设施方面，特别照顾特殊儿童群体，把场馆放在一楼，并且放置了很多方便特殊儿童群体阅读的设备等。广东省立中山图书借助馆舍扩建

---

① 广州图书馆. 广州图书馆读者委员会成员推选名单公示[EB/OL]. (2019-02-22) [2020-02-12]. http://www.gzlib.gov.cn/bunotice/165519.jhtml.

改造的机会，特别开辟场地为特殊群体服务，并做好了指引标志的设置工作。

优点四：社会力量参与建设

"广州公益阅读"贫困重症患儿及残障儿童服务案例是在公共图书馆制定的制度下激发社会力量参与残障儿童服务。民间读书组织具有生命力强，读者黏合度高，服务灵活个性化等特点。随着国家倡导书香社会建设，如何巧妙地把这股充满活力的力量吸纳到图书馆，为图书馆特殊群体服务是值得思考的课题。广州图书馆领导下的"广州公益阅读"为这个课题提供了一种解决方法。图书馆提供一定的专业指导，提供一定的资金、场地、馆藏支持，其他的活动组织策划交由承办团体自行制定，只需要举办活动前提交活动方案审核，活动结束后提交活动成果汇报及相关资料。这样的制度，既增加了民众的阅读推广参与度，也丰富了图书馆的服务形式。

优点五：探索特殊儿童群体的阅读需求和服务模式

东莞少年儿童图书馆阅读障碍症儿童服务、深圳南山图书馆自闭症儿童服务、广州少年儿童图书馆智障儿童服务都是属于对专项残障儿童的服务案例。他们在服务前，都对特殊儿童群体的需求进行了调查分析，并且联系了相关领域的专业人士，制定了服务计划。对服务人员进行了专业的培训指导。然后，再对特殊儿童群体进行阅读服务实践活动。这三个图书馆都对特殊儿童群体的阅读服务进行了服务实践，探索公共图书馆特殊儿童群体服务模式。

东莞少年儿童图书馆阅读障碍症儿童服务案例的亮点是通过高校科研课题的推动，打造了"高校、图书馆系统、中小学教育机构、社区机构、志愿者团体、学生和家长"相互关联的合作网络。

深圳南山图书馆自闭症儿童服务的亮点在于它们的专业服务模式，它们把所有儿童服务整合为儿童服务体系，专门为自闭症儿童打造的"星星点灯"自闭症儿童读书会也在这个服务体系内，这传达了"平等"的服务理念，为自闭症儿童打造了可以参与各项活动的平台，而且自闭症儿童能根据他们的需要参加其他活动，这利于自闭症儿童自闭症的康复，也有利于他们融入社会。

9.3　不足分析

广东省公共图书馆特殊群体服务以视障服务为主，少量图书馆开展其他类型特殊群体服务。副省级图书馆和经济相对发达的市一级图书馆会对特殊儿童群体会开展相对多样化的服务。总体来讲，公共图书馆特殊儿童群体服务发展不均衡：经济发达市开展相关活动较好，其余地区只提供基础服务。

不足一：图书馆服务体系尚待完善。需要加强各级图书馆联动，也要做好与教育局及其他兄弟单位的合作交流工作。特殊儿童群体处于学龄阶段，主要活动场所为学校，图书馆要开展相关的阅读活动必须与学校紧密合作。遗憾的是，我国的教育系统和图书馆隶属的是不同的文化系统，图书馆与学校合作并不容易。如果在政策上能给予图书馆支持，完善图书馆与学校的合作机制，则能使图书馆更好地为特殊儿童群体服务。

不足二：社会力量如何参与图书馆建设，尚未形成规范的模式。需要加强监督监管，需要在体制建设上做好相关规定。制定合理的规定，使社会力量能在公共图书馆的带领下，更好地弘扬中华优秀文化，保持正确的价值观的前提下，更好地发挥其活泼有生命力的特性，更好地为民众提供阅读服务。

不足三：国家财政对特殊儿童群体服务投入相对较少。在图书馆服务体系上，国家也出了相关法律法规，但是从法律规定到真正落实到具体操作层面，还需要时间。

不足四：特殊儿童群体服务的专业图书馆员较少，缺少专业人员指导，没有系统学习相关的面向特殊儿童群体服务的专业知识。即使是本文提及的六个案例，也是需要从事相关工作的馆员，在岗前突击培训，以参加培训辅导课的形式进行了培训。案例也提及如何能不断地提高馆员的服务水平的措施。

不足五：特殊儿童群体服务模式还处于各个馆自行摸索服务方式方法阶段。公共图书馆尚未形成较好的特殊儿童群体服务模式和相关指标。针对各类残障儿童专项服务的痛点在于，都处于小项目实施阶段，有建立小的品牌，有建立相对固定的服务模式，但是还没有推广，尤其是局限于项目运行形式，还未能与上级部门建立长期协作机制。希望能通过项目影响力，争取在体制上给予保障，与特殊教育部门建立长期合作关系。

不足六：各类特殊儿童群体服务发展不均衡。开展视障服务活动的图书馆较多，服务形式多样化。其他类型特殊群体活动较少。听障服务活动还属于刚起步阶段。视障儿童专题服务，很多是儿童和成人都可以参与的活动，开展视障儿童专项的口述电影、口述故事会等活动较少。听障儿童的专项读书会活动几乎没有。

9.4 发展建议

9.4.1 制度层面

第一，完善图书馆总分馆制，强化多级联动。特殊群体行动不便利，通过总分馆服务，使特殊群体不必总是需要亲自跑图书馆总馆借还图书资料，只需要到相对便利的分馆即可以办理相关借阅手续。除了总分馆外，还能享受送书上门服务。多级联动是，图书馆总分馆信息联通，当特殊群体有需求时，总馆或者分馆都能迅速做出反应，及时为读者服务。

第二，建立志愿者服务长效机制。与相关部门及社会力量合作,多方联合为特殊群体服务。相关部门包括上级领导部门,残疾人联合会等单位。社会力量包括社会爱心组织、慈善组织、企业爱心组织、民间读书会等。与这些有关单位及团体建立合作关系,并制定相关制度,实现规范化管理和合作。

第三,拓展图书馆合作网络,吸引特殊儿童读者到图书馆。公共图书馆要与特殊教育学校、社区、康复机构联系,让他们引荐特殊儿童到图书馆来享受公共文化服务,开发特殊儿童读者的公共文化服务需求。

9.4.2 图书馆基础设施和人才层面

第一,加大图书馆多元空间布局。图书馆除了专门为视障读者建立服务场域外,也应该相应的增加其他特殊群体服务的区域。但是,某些图书馆的服务场地有限,因此,应打造多元空间布局,就是场地能适应各种需求,并且配备相对应的服务设备等。

第二,加强专业人才服务队伍建设。图书馆应加强员工培训,提升员工服务水平。可以通过组织员工到相关单位学习相关业务知识,提高他们的服务技能,从而更好地服务读者。如,图书馆工作人员通过学习,在服务听障读者时,图书馆员工应该能达到与其沟通,获知他们的信息需求等。

第三,增加经费投入。根据区域特殊儿童群体的情况,依照一定的比例,给予一定的经费支持,用于人员培训、馆藏、场地等的建设，以便特殊儿童群体获得更好的图书馆服务。

9.4.3 图书馆服务实施层面

第一，创新服务方式方法。在研究特殊群体的信息需求后，相应的创新服务方式。如，对视障读者的服务不止于盲文图书借还，还可以通过口述电影等方式引起他们的获取文献信息的兴趣，从而对相关资料进行推介。又如，除了口述电影外，还能举办口述摄影展览，以及举办"无障碍摄影"大赛等，在服务方式方法上的创新，吸引了更多特殊群体使用图书馆服务。

第二，使用新媒体发布信息及建立信息交流平台。图书馆应善于利用新媒体，通过在官网、微信公众号等渠道发布活动信息，使特殊群体读者能第一时间获取所需信息。并且，还应该建立互动交流平台，图书馆能获得读者的反馈信息，从而改进自己的服务。

第三，打造特殊儿童群体的服务模式。对特殊儿童群体读者建立个人信息数据库，数据库包括，读者个人信息、读者借阅信息、读者参加活动信息、读者参加活动的反馈信息等，图书馆可根据这些数据进行分析，不断改进服务，打造科学的服务模式。建立评价指标体系，使服务更标准化、规范化。

参考文献

[1] 中华人民共和国公共图书馆法[EB/OL]. (2018-11-05) [2023-12-26]. http://www.npc.gov.cn/npc/c212435/201905/t20190521_276640.html.

[2] 联合国教科文组织公共图书馆宣言（1994年）[J]. 江苏图书馆学报, 1995 (4): 59-60.

[3] The Lyon Declaration on Access to Information and Development [EB/OL]. (2015-01-22) [2019-9-29]. http://www.lyondeclaration.org/.

[4] 陈罗. 公共服务均等化视角下扬州市少年儿童图书馆发展与对策研究 [D]. 扬州：扬州大学, 2018.

[5] 国家新闻出版广电总局. 国家新闻出版广电总局关于印发《全民阅读"十三五"时期发展规划》的通知[EB/OL]. (2016-12-28) [2023-12-26]. http://www.goschool.org.cn/xw/xyw/2016-12-28/14341.html.

[6] 习近平. 全面建成小康社会，残疾人一个也不能少[EB/OL]. (2016-07-29) [2020-02-12]. http://www.

gov. cn/fuwu/cjr/2016-07/29/content_ 5124019. htm.

［7］万宇，章婕. "分众阅读"视角下的特殊儿童图书馆服务［J］. 图书馆杂志，2019（4）：12-15.

［8］中华人民共和国未成年人保护法.［EB/OL］.（2006-12-29）［2019-09-29］. http://old. moe. gov. cn//publicfiles/business/htmlfiles/moe/moe_ 622/200409/3166. html.

［9］王作宝. 我国居家监护未成年人贫困问题及其治理研究［D］. 沈阳：东北大学，2012.

［10］IFLA, Library Services to People with Special Needs Section-Glossary of Terms and Definitions[EB/OL]. (2019-02-19)[2019-09-29]. https://www.ifla.org/about-lsn.

［11］李国新. 强化公共文化服务政府责任的思考［J］. 图书馆杂志，2016，35（04）：4-8.

［12］高原丽. 构建现代公共文化服务体系需要厘清的几个关系［J］. 奋斗.2016（4）：80-81.

［13］中国残疾人联合会. 2018中国残疾人事业统计年鉴［M］. 中国统计出版社，2018：13-22.

［14］束漫. "图书馆儿童特殊服务研究"专题前言［J］. 图书馆论坛，2018（3）：1.

［15］刘洪辉，张靖. 广东公共图书馆事业发展报告（2013—2017）［M］. 北京：社会科学文献出版社，2018：1.

［16］李国新. 公共文化服务体系建设中的图书馆［J］. 当代图书馆，2013（03）：4-13.

［17］万映红，万莉. 公共图书馆服务机制解析——

基于《公共图书馆法》[J]．图书馆学研究，2018（20）：6-13．

[18] 杜嵘．少年儿童图书馆实施均等化服务探析[J]．图书馆工作与研究，2015（09）：98-100．

[19] 林菁．少年儿童图书馆实施均等化服务探析[J]．图书馆工作与研究，2014（04）：101-103．

[20] 王秀军．少年儿童图书馆实现基本服务均等化之我见[J]．图书馆工作与研究，2012（11）：117-119．

[21] 范并思．图书馆服务中儿童权利原则研究[J]．中国图书馆学报，2012（11）：38-46．

[22] 夏凡．图书馆所应关注的儿童权利[J]．图书馆建设，2006（1）：25-27．

[23] 王翩然，徐建华，李耀昌．倾听儿童的声音：让儿童成为自己图书馆的评价主体[J]．中国图书馆学报，2017，43（05）：110-115．

[24] 束漫，宋双秀．公共图书馆"读写困难症"儿童服务的推广问题研究[J]．图书馆建设，2015（10）：13-15，84．

[25] 易珂．我国公共图书馆开展自闭症群体服务调研[J]．图书馆论坛，2017（07）：109-115．

[26] 万宇，章婕．″分众阅读″视角下的特殊儿童图书馆服务[J]．图书馆杂志，2019，38（04）：12-15．

[27] 高凛．日韩全民阅读立法的经验及对我国的启示[J]，科技与出版，2017（12）：20-25．

[28] 吴洪珺. 德国公共图书馆少儿服务的研究与启示[J]. 图书馆建设, 2015(9): 52-55.

[29] 李传颖. 英国图书馆特殊群体服务及其对我国的启示[J]. 情报理论与实践, 2016(10): 140-144, 139.

[30] Guillomia S B, Miguel A, Falco B, et al. AAL Platform with a "De Facto" Standard Communication Interface (TICO): Training in Home Control in Special Education[J]. SENSORS, 2017(10): 20-23.

[31] Kavanaugh, J R, Lavallee K, Rudd R. A librarian's role in media effects health literacy[J]. REFERENCE SERVICES REVIEW, 2016(2): 132-143.

[32] Kleekamp M C, Zapata A. Interrogating Depictions of Disability in Children's Picturebooks[J]. READING TEACHER, 2019(5): 589-597.

[33] Prendergast, T. Seeking Early Literacy for All: An Investigation of Children's Librarians and Parents of Young Children with Disabilities' Experiences at the Public Library[J]. LIBRARY TRENDS, 2016(1): 65-91.

[34] Ikeshita H. Japanese public library services for dyslexic children[J]. JOURNAL OF LIBRARIANSHIP AND INFORMATION SCIENCE, 2020(2): 485-492.

[35] Mehdizadeh M, Khosravi Z. An inquiry into the effectiveness of bibliotherapy for children with intellectual disability[J]. INTERNATIONAL JOURNAL OF DEVELOPMENTAL

DISABILITIES, 2019(4): 285-292.

[36] Kuzoro K A, Lyapkova A A. SERVICE OF THE READERS WITH DISABILITIES IN MUNICIPAL RURAL LIBRARIES OF TOMSK REGION: ANALYSIS OF THE EXPERIENCE[J]. 2016(4): 222-233.

[37] Thomas F H. The Genesis of Children's services in the American Public Library: 1875-1906[D]. USA: University of Wisconsin-Madision, 1982.

[38] Christine A J. The History of Youth Services Librarianship: A Review of the Research[J]. Literature Libraries & Culture, Winter2000: 103-140.

[39] 张丽. 公共图书馆法未成年人服务条款：基于托马斯"五因素"理论的阐释［J］. 图书馆, 2018（4）：12-17.

[40] 吴品璇, 陈柏彤. 从 Library Journal 年度图书馆看美国公共图书馆学前教育［J］. 图书馆学研究, 2019（12）：95-101.

[41] IFLA. Access to libraries for persons with disabilities-Checklist[EB/OL]. (2019-02-19)[2019-09-29]. https://eric.ed.gov/?id=ed341401.

[42] IFLA. Guidelines for Library Services to Persons with Dementia [EB/OL]. (2019-02-19)[2019-09-29]. https://www.ifla.org/publications/node/9457.

[43] Kavanagh R, Christensen S B. IFLA. The Libraries

for the Blind in the Information Age-Guidelines for development[EB/OL]. (2019-02-19)[2023-12-26]. http://archive.ifla.org/VII/s31/pub/profrep86.pdf.

[44] IFLA. IFLA Guidelines for Library Services to Persons with Dyslexia[EB/OL]. (2019-02-19)[2019-09-29]. https://www.ifla.org/files/assets/lsn/publications/guidelines-for-library-services-to-persons-with-dyslexia_2014.pdf.

[45] IFLA. About the Library Services to People with Special Needs Section[EB/OL]. (2019-02-19)[2019-09-29]. https://www.ifla.org/about lsn.

[46] 李庆臻. 科学技术方法大辞典[M]. 科学出版社, 1999: 2-10.

[47] 风笑天. 现代社会调查方法[M]. 华中科技大学出版社, 2015: 1-12.

[48] 百度百科. 科学归纳法[EB/OL]. (2019-08-23)[2020-02-12]. https://baike.baidu.com/item/%E7%A7%91%E5%AD%A6%E5%BD%92%E7%BA%B3%E6%B3%95/2123873?fr=aladdin.

[49] 海珠开展牵手盲童共读好书启听会 为盲童开启阅读之灯[EB/OL]. (2019-08-23)[2020-02-12]. http://gdgz.wenming.cn/gqcz/qxdt_hz/201908/t20190823_6018201.htm.

[50] 郭科文. 我馆"听·爱"系列视障文化志愿服务荣获文化部2016年基层文化志愿服务活动典型案例[EB/OL]. (2019-08-23)[2020-05-15]. https://www.zslib.

com. cn/TempletPage/Detail. aspx?dbid=2&id=2340.

[51] 曾艳春,王芃棐. 广佛文化志愿者携手推进,口述电影让视障者"看见"大世界[EB/OL]. (2019-08-11)[2020-02-12]. http://www.gzlib.gov.cn/mediareport2019/173316.jhtml.

[52] 徐平,陈佩湘. 广东省第十届盲人诗歌散文朗诵大赛决赛暨第六届盲人散文创作大赛收官[EB/OL]. (2020-05-18)[2020-05-18]. https://www.chinaxwcb.com/info/563162.

[53] 盛梦露. 千万小学生的难言之困:读写困难不是"笨"[J]. 云南教育:视界, 2016 (6):20-22.

[54] BJORKLUND M. Dyslexic sudents success factors for support in a learning environment [J]. The Journal of Academic Libarianship, 2011, 37 (5):423-424.

[55] 束漫. 图书馆阅读障碍症人群服务研究[M]. 北京:国家图书馆出版社, 2019:8.

[56] 郑文君,赖丽玮,宗何婵瑞. 东莞图书馆少儿分馆读写困难症儿童服务案例研究[J]. 国家图书馆学刊, 2015 (06):59-65.

[57] 百度百科,多感官学习法[EB/OL]. [2020-02-12]. https://baike.baidu.com/item/多感官学习法/12018807.

[58] 国家卫健委权威医学科普项目传播网络平台,百科名医网. 自闭症[EB/OL]. (2019-04-03)[2020-02-12]. https://baike.baidu.com/item/%E8%87%AA%E9%97%AD%

E7%97%87/311.

[59] 羊城晚报. 广东自闭症儿童超过16万人 康复机构"少而小"[EB/OL]. (2012-05-09)[2020-02-12]. http://www.guduzheng.net/2012/05/89728198088741.html.

[60] 深圳新闻网. 破解儿童阅读"密码"南山图书馆搭建"通往幸福的阶梯"[EB/OL]. (2018-02-06)[2020-02-12]. http://inanshan.sznews.com/content/2018-02/06/content_18452328.htm.

[61] 深圳南山图书馆. 破解儿童阅读"密码"南山图书馆搭建"通往幸福的阶梯"[EB/OL] (2018-02-09)[2020-02-12]. http://mini.eastday.com/a/180209143942565.html.

[62] 徐剑. 光大集团驻深企业举办"点亮星光"公益活动[EB/OL]. (2015-09-22)[2020-02-12]. http://sz.southcn.com/content/2015-09/22/content_133374239.htm.

[63] 汪家靓. 以爱之名,为星星点灯——中冶建研深圳分院参加"与自闭症儿童共同悦读"活动[EB/OL]. (2016-07-25)[2020-02-12]. https://mp.weixin.qq.com/s/E7sF7p7icWoCOe78Ua80Ag.

[64] 中国残疾人联合会. 中国残疾人事业统计年报(2019)[EB/OL]. (2020-04-14)[2020-04-16]. http://www.gddpf.org.cn/xxtj/sytj/tjsj/202004/W020200414583301474643.pdf.

[65] 陈阳. 广州少年儿童图书馆残疾青少年儿童"爱童馆"正式投入使用[EB/OL]. (2015-10-08)[2020-02-12].

http://www.gzdpf.org.cn/Article/news1/14393.html.

[66] 广州少年儿童图书馆. "书香启童智 春风暖童心"——广州少年儿童图书馆文化春风行活动启动[EB/OL]. (2018-03-12)[2020-02-12]. http://www.lsc.org.cn/contents/1132/11560.html.

[67] 张希. 关爱智障儿童阅读——广少图智障儿童主题阅读服务记录与分析[J]. 山东图书馆学刊, 2012(6): 52-53.

[68] 陈阳. 广州少年儿童图书馆残疾青少年儿童"爱童馆"正式投入使用[EB/OL]. (2015-10-08)[2020-02-12]. http://www.gzdpf.org.cn/Article/news1/14393.html.

[69] 广州市残联团委. 市残联党员志愿者助力"携爱同行、点燃梦想——天使在少图"活动[EB/OL]. (2015-06-16)[2020-02-12]. http://www.gzdpf.org.cn/dj/e/201506/13624.html.

[70] 杨欣, 苏赞. 排练一个月成就一场精彩演出, 这群特殊儿童太棒![EB/OL]. (2019-12-25)[2023-12-26]. https://ml.mbd.baidu.com/r/1ciYR4KBH3y?f=cp&u=debd5f6994884876. 广州日报, 2019-12-05.

[71] 广州图书馆. 广州阅读联盟更名"广州公益阅读"暨"2019年广州公益阅读创投项目"征集公告[EB/OL]. (2019-03-15)[2020-02-12]. http://www.gzlib.gov.cn/bunotice/169029.jhtml.

[72] 广州图书馆. 广州阅读联盟招募阅读组织公告

[EB/OL]. (2017-04-22)[2020-02-12]. http://www.gzlib.gov.cn/bunotice/147302.jhtml.

[73]陈惠婷.广州图书馆牵头成立广州阅读联盟[EB/OL]. (2017-07-11)[2020-02-12]. http://www.sohu.com/a/156266855_115239.

[74]大洋网.广州图书馆成全民阅读主阵地,读书月活动深受市民热捧[EB/OL]. (2018-04-26)[2020-02-12]. http://www.gzlib.gov.cn/mediareport2018/160360.jhtml.

[75]广州公益阅读.学习时间 广州公益阅读开始阅读推广人培训啦![EB/OL]. (2019-12-03)[2020-02-12]. https://mp.weixin.qq.com/广州公益阅读.

[76]广州公益阅读.学习时间｜如何专业、规范地举办阅读推广活动?[EB/OL]. (2019-12-25)[2020-02-12]. https://mp.weixin.qq.com/广州公益阅读.

[77]南方网.广州阅读联盟正式成立 还有各类读书会等你来哦[EB/OL]. (2017-07-11)[2020-02-12]. http://news.dayoo.com/guangzhou/201707/11/139995_51486368_0.htm.

[78]广州图书馆.广州阅读联盟11月下半月活动预告[EB/OL]. (2017-11-14)[2020-02-12]. http://action.gzlib.gov.cn/action/web/integral.do?actionCmd=viewSP&id=18646.

[79]广州公益阅读.公益行动｜用阅读来抚慰——病房里的小奇迹[EB/OL]. (2018-10-12)[2020-02-12]. https://mp.weixin.qq.com/广州公益阅读.

[80]新快报.这才是广州新型读书会的打开方式

[N]. 新快报，2017-07-12（A03）.

［81］广州公益阅读. 活动回顾｜"星星孩子"的爱藏在心里[EB/OL]. (2019-05-17)[2020-02-12]. https://mp.weixin.qq.com/广州公益阅读.

［82］广州公益阅读. 联盟展览｜"我们眼中的世界"——一场乡村儿童和心智障碍人士的摄影展[EB/OL]. (2019-02-22)[2020-02-12]. https://mp.weixin.qq.com/广州公益阅读.

［83］马洪路. 残障社会工作［M］. 高等教育出版社，2007：181-183.

［84］广州图书馆. 广州图书馆读者委员会成员推选名单公示[EB/OL]. (2019-02-22)[2020-02-12]. http://www.gzlib.gov.cn/bunotice/165519.jhtml.